新时代
工会女职工
工作实务

（全新修订版）

李军燕　王小梅◎编著

人民日报出版社

图书在版编目（CIP）数据

新时代工会女职工工作实务 / 李军燕，王小梅编著
. --北京：人民日报出版社，2023.10
　　ISBN 978-7-5115-8005-4

　　Ⅰ.①新… Ⅱ.①李…②王… Ⅲ.①女职工-工会
工作-中国 Ⅳ.①D412.6

中国国家版本馆 CIP 数据核字（2023）第 193211 号

书　　名：**新时代工会女职工工作实务**
　　　　　XINSHIDAI GONGHUI NÜZHIGONG GONGZUO SHIWU
作　　者：李军燕　　王小梅

出 版 人：刘华新
责任编辑：刘天一　　周昕阳
封面设计：陈国风

出版发行：人民日报出版社
地　　址：北京金台西路 2 号
邮政编码：100733
发行热线：（010）65369527　　65369846　　65369509　　65369510
邮购热线：（010）65369530　　65363527
编辑热线：（010）65369844
网　　址：www.peopledailypress.com
经　　销：新华书店
印　　刷：北京彩虹伟业印刷有限公司

开　　本：170mm×240mm　　1/16
字　　数：200 千字
印　　张：13.5
版次印次：2024 年 3 月第 1 版　　2024 年 3 月第 1 次印刷

书　　号：ISBN 978-7-5115-8005-4
定　　价：69.80 元

前言 Preface

　　女职工是我国工人阶级队伍的重要组成部分，是社会主义物质文明和精神文明建设的主力军，是推动经济发展和社会进步的重要力量。在新时代，做好工会女职工工作，对于充分调动广大女职工的积极性、主动性、创造性，发挥女职工在全面建成社会主义现代化强国中的"半边天"作用，有非常重要的意义。做好工会女职工工作，一个最基本的条件就是要建立一支高素质的工会女职工干部队伍。工会女职工干部是女职工权益的直接代表者和维护者，是工会女职工工作的直接承担者和实践者。只有不断提高工会女职工干部队伍素质，才能更好地肩负起历史赋予工会女职工组织的责任，才能更好地完成女职工组织的任务，才能更好地发挥女职工组织的作用，开创新时代女职工工作新局面。为了适应工会女职工干部教育培训需要，我们组织编写了本书。本书从工会女职工工作的特点出发，坚持理论联系实际的原则，全面系统阐述了工会女职工工作的理论知识和业务知识，每一章后都附有思考题和案例，实用性和可读性兼备，是工会女职工干部学习培训的理想读物。

　　本书在编写过程中参考了相关书籍和资料，在此谨向有关作者表示诚挚的谢意。

目录 Contents

第一章

工会女职工工作概述

　　工会女职工工作是工会工作的重要组成部分，它既体现工会工作的一般规律，又有鲜明的自身特点。做好女职工工作，对发挥女职工在全面建成社会主义现代化强国中的"半边天"作用有非常重要的意义。

第一节　女职工工作是工会工作的重要组成部分

工会女职工工作是以女职工为工作对象的。女职工一般是指从事一定经济和社会活动，以工资形式获得收入的女性劳动者。作为工人阶级的重要组成部分，作为妇女群众的骨干力量，女职工是物质文明和精神文明的创造者，是推动社会发展和进步的重要力量，在全面建成社会主义现代化强国、实现第二个百年奋斗目标，以中国式现代化全面推进中华民族伟大复兴中发挥着十分重要的作用。做好女职工工作，不仅有利于充分调动广大女职工的积极性、主动性、创造性，发挥女职工"半边天"作用，也是工会女职工组织自身发展的需要，是广大女职工的期望。

一、女职工队伍的发展壮大

随着我国工人阶级队伍的壮大，女职工队伍也日益发展，成为经济社会建设主力军中的重要组成部分。新中国成立以前，女职工人数很少，主要集中在城市中的轻工和纺织行业。新中国成立初期，全国有女职工 61 万人，仅占职工总数的 7.5%。随着我国经济建设的发展和改革开放进程的加快，女职工队伍不断发展壮大。1978 年，全国有女职工 3128 万人，占职工总数的 32%。经过 40 多年的改革开放，到 2021 年，全国女性就业人员 3.2 亿人，占全部就业人员的比重为 43.1%。女职工已经成为促进经济发展、推动社会进步不可缺少的重要力量，她们的积极性能否得到充分发挥，直接影响到经济社会高质量发展。因此，做好女职工工作，充分调动女职工的积极性、主动性、创造性，对于促进国家经济发展和社会进步具有十分重要的意义。

二、女职工工作是工会工作的重要内容

工会是工人阶级的群众组织，女职工是工人阶级的重要组成部分。工会作为中国共产党领导的职工自愿结合的工人阶级群众组织，除了反映和解决所有职工的共同意愿与要求外，还必须关注和维护女职工的特殊利益，专门关心和研究女职工的特点和特殊需求，帮助她们解决特殊问题。如果不能维护好女职工的权益，不能充分发挥广大女职工的作用，工人阶级队伍整体作用的发挥就会受到影响。因此，加强女职工工作是工会工作不可或缺的内容，是加强和整合工人阶级力量的重要举措，各级工会必须把女职工工作作为一项重要工作认真抓好。

女职工工作也是党的群众工作、群团工作的重要组成部分。工会女职工工作干部，一定要从加强党的执政能力建设、巩固党的执政基础的高度，充分认识做好女职工工作在工会工作中的重要意义，在党和国家工作大局中的重要意义。要以强烈的事业心和高度的责任感，承担起历史赋予女职工组织的重大责任，把广大女职工最广泛地组织到工会中来，紧密团结在党的周围，努力实现好、维护好、发展好广大女职工的合法权益，不断开创女职工工作的新局面，为全面建成社会主义现代化强国做出新贡献。

第二节　工会女职工工作的特点

工会女职工工作作为工会工作的重要组成部分，既体现着工会工作的一般规律，又有鲜明的自身特点，主要表现在以下 3 个方面。

一、女职工工作的特殊性

女职工工作的特殊性是由其工作对象的生理、心理特点决定的。从生

理情况看，女性有月经、怀孕、生育、哺乳的特殊生理特征，需要进行"四期"保护；女性的心脏功能、肺脏功能、骨骼承受重力的能力等均弱于男性，需要在劳动和工作过程中给予特殊保护。虽然国家依据女性的特殊生理特征对女职工的劳动保护做了一系列的规定，但在现实生活中仍然不同程度地存在忽视女职工特殊生理特征的情况。从心理情况看，长期以来，在"男强女弱"，"男主外、女主内"等传统观念影响下，一些女职工还存在自我束缚、自卑自闭、容易满足的心态等。不可否认，改革开放以来，女职工的参与意识和竞争意识在不断加强。但同时，拜金主义、享乐主义等思想也在滋生，导致部分女职工心理调整难以到位。

综观女职工生理、心理方面的原因，若不能及时帮助她们解决有关困难和问题，女职工的聪明才智和创造力就不可能得到充分发挥。工会作为职工群众自己的组织，不仅要反映和解决所有职工的共同要求和问题，还必须专门关心和研究女职工的特点和特殊要求，帮助她们解决实际问题，从而调动她们的积极性和创造性。因此，工会女职工工作不是工会其他业务部门乃至其他组织的工作可以替代的。

二、女职工工作的综合性

女职工工作内容广、领域宽，与国家有关部门的工作和工会各业务部门的工作有着密切的联系，是涉及女职工各方面利益的工作，凡是有女职工的地方，都有女职工工作。就工会而言，女职工工作不仅是工会女职工组织的任务，也是整个工会的工作。女职工工作不能孤立地进行，必须融于整个工会工作之中，必须坚持"全会抓女职工工作，女职工工作为全局工作服务"的原则，统筹协调、整合工会内部的各项资源。工会各个职能部门在研究部署工作时，都应将女职工工作的有关内容纳入其中，积极配合、支持和协助女职工组织做好女职工工作。就工会外部而言，则需要和妇女工作协调，同政府、人大、政协工作协调，以形成女职工工作的社会合力。

三、女职工工作的相对独立性

相对独立性指女职工工作是在工会委员会领导下进行的。独立指女职工工作是由工会领导下的专门的女职工组织来独立负责地进行。面对女职工的一系列特殊问题，需要有一个专门的女职工组织机构来独立负责，有针对性地开展工作，进行系统调查研究，综合分析，总结经验，找出它的规律性，以便更全面、更有效地代表和维护女职工的合法权益和特殊利益。因此，各级工会要按照《工会法》《妇女权益保障法》《中国工会章程》《工会女职工委员会工作条例》等有关法律规定，建立健全女职工组织，并从人员编制的配备和经费上予以保证，使工会女工工作得以顺利进行。

当然，工会女职工工作除了具备以上 3 个特点外，在各个不同的历史时期，女职工工作又具有时代性。时代在发展，事业在创新，工会工作也要发展，也要创新。各级工会要不断适应形势发展的变化，针对女职工工作的特点与时俱进地开展工作。特别需要注意的是，工作中要准确把握定位，要围绕中心、突出特色。一是要紧紧围绕党和国家工作大局，围绕工会工作的全局开展工作。只有把工会女职工工作放到大局中去思考和部署，工会女职工组织才能始终坚持正确的政治方向，才能健康发展。二是要坚持从工会女职工组织的性质和特点出发，有特色地开展女职工工作。工会女职工工作的特色主要体现在其服务对象是整个职工队伍中以性别为特征的特殊的利益群体，相应地应当根据其性别特征帮助她们解决在参与社会生产、生活的各个方面遇到的一些特殊问题。要实现好、维护好、发展好女职工的合法权益和特殊利益，就要有针对性地开展各项工作，在指导思想、组织形式、工作格局、活动方式等方面，突出女职工工作的特点，使女职工组织更具有生命力和创造力。

第三节　工会女职工工作的指导思想、基本原则和基本职责

一、工会女职工工作的指导思想

新时代工会女职工工作的指导思想是：坚持以习近平新时代中国特色社会主义思想为指导，全面贯彻党的历次全会精神，深入学习贯彻习近平总书记关于工人阶级和工会工作、关于妇女工作的重要论述，坚持以人民为中心的发展思想，坚定不移走中国特色社会主义工会发展道路，贯彻落实男女平等基本国策，牢牢把握为实现中华民族伟大复兴的中国梦而奋斗的工人运动时代主题，推动实施《中国妇女发展纲要（2021—2030年）》，切实履行维权服务基本职责，团结引领广大女职工奋进新征程、建功新时代，为全面建设社会主义现代化国家、实现第二个百年奋斗目标贡献智慧和力量。

二、工会女职工工作的基本原则

（1）坚持党的领导。切实把党的意志和主张贯彻到工会女职工工作的全过程、各方面，牢牢把握工会女职工工作正确政治方向。

（2）坚持服务大局。立足新发展阶段，贯彻新发展理念，构建新发展格局，推动高质量发展，在全面建设社会主义现代化国家新征程中充分发挥"半边天"作用。

（3）坚持需求导向。坚持以职工为本，适应职工队伍深刻变化和劳动关系深刻调整，聚焦广大女职工急难愁盼问题，增强维权服务工作的针对性和实效性。

（4）坚持大抓基层。树立落实到基层、落实靠基层理念，加强基层工会女职工组织建设，强化上级工会与基层工会女职工组织的联系和工作指导，使基层工会女职工组织建起来、转起来、活起来。

（5）坚持改革创新。紧紧围绕保持和增强政治性、先进性、群众性，着力健全推动工会女职工工作创新发展的制度机制，激发工会女职工组织的内生动力。

（6）坚持系统观念。加强统筹谋划，广泛汇聚资源，强化保障落实，努力构建全会重视、上下联动、各方支持、合力推进的工会女职工工作格局。

三、工会女职工工作的基本职责

根据《中华全国总工会关于加强新时代工会女职工工作的意见》，在新时代，工会女职工工作担负着以下4个方面的基本职责。

（一）加强思想政治引领

坚持用习近平新时代中国特色社会主义思想武装女职工，不断增进广大女职工对新时代党的创新理论的政治认同、思想认同、情感认同。强化理想信念教育，深化中国特色社会主义和中国梦宣传教育，引导女职工坚定不移听党话、矢志不渝跟党走。大力弘扬劳模精神、劳动精神、工匠精神，组织开展巾帼劳模工匠论坛、宣讲等活动，进一步发挥先进典型示范引领作用。加强新时代家庭家教家风建设，倡导开展"培育好家风——女职工在行动"主题实践活动，推动社会主义核心价值观在家庭落地生根。

（二）深化提升素质建功立业工程

贯彻落实产业工人队伍建设改革各项部署，充分发挥技能强国——全国产业工人学习社区、工匠学院等阵地作用，落实科技创新巾帼行动，加强女职工数字技能培训，培育女职工创新工作室，助力女职工成长成才。引导女职工积极参与"建功'十四五'、奋进新征程"主题劳动和技能竞赛，广泛深入持久开展具有女职工特色的区域性、行业性劳动和技能竞赛，推动竞赛向新产业新业态新组织拓展。开展女职工先进集体和个人表彰或表扬，规范完善"五一巾帼奖"评选管理工作；在全国五一劳动奖章等评选表彰中重视并保障女职工比例。

（三）维护女职工的合法权益和特殊利益

工会女职工组织的基本职责是维护女职工的合法权益和特殊利益，这既是党对工会女职工组织提出的要求，也是广大女职工的迫切愿望。工会女职工组织要参与国家和地方有关女职工权益保护法律法规政策的研究和制定修订，推动地方出台《女职工劳动保护特别规定》实施办法。充分发挥女职工权益保护专项集体合同作用，突出民主管理、生育保护、女职工卫生费、帮助女职工平衡工作和家庭责任等重点，提升协商质量和履约实效。定期开展普法宣传活动，常态化做好维权典型案例评选、联合专项执法检查、工会劳动法律监督，及时推动侵犯女职工权益案件调查处理，促进劳动关系和谐稳定，维护劳动领域政治安全。依法维护新就业形态女性劳动者劳动报酬、休息休假、劳动保护、社会保险等权益。

（四）提升女职工生活品质

落实国家生育政策及配套支持措施，支持有条件的用人单位为职工提供托育服务，推动将托育服务纳入职工之家建设和企业提升职工生活品质试点工作，推进工会爱心托管服务，加强女职工休息哺乳室建设，做好职工子女关爱服务，创建家庭友好型工作场所。高度关注女职工劳动保护和身心健康，加大女职工劳动安全卫生知识教育培训力度，推动特定行业、企业等开展女职工职业病检查；扩大宫颈癌、乳腺癌筛查受益人群和覆盖范围，加强女职工人文关怀和心理疏导工作。深化工会婚恋交友服务，教育引导职工树立正确婚恋观，开展更加符合职工需求及特点的婚恋交友活动。

第四节　以改革创新精神加强工会女职工组织自身建设

以改革创新精神加强工会女职工组织自身建设是工会女职工工作开拓创新的根本基础和重要组织保证，只有组织坚强、充满活力，才能完成好工会女职工工作的基本任务，才能团结带领广大女职工为全面建成社会主义现代化强国建功立业。

一、扩大工会女职工组织覆盖

坚持以工会组织建设带动工会女职工组织建设，女职工组织与工会组织同时筹备、同时产生（或换届）、同时报批，努力实现在已建工会组织单位中女职工组织的全覆盖。着力加强产业工会、区域（行业）工会联合会以及乡镇（街道）、村（社区）、工业园区工会女职工委员会建设，建立健全工会女职工组织体系。将工会女职工组织建设工作纳入模范职工之家、劳动关系和谐企业创建以及会员评议职工之家活动等各项评比内容。

二、加强工会女职工组织机构建设

省、自治区、直辖市，设区的市和自治州总工会，实行垂直领导的产业工会，机关、事业单位工会，根据工作需要，按照机构编制管理权限，经机构编制部门同意，设立女职工委员会办公室（女职工部）或明确女职工工作责任部门，安排专人负责女职工委员会的日常工作。县（旗）、自治县、不设区的市，乡镇（街道），村（社区），企业和其他社会组织等工会，根据工作需要安排专人负责女职工工作。企业工会女职工委员会是县或者县以上妇联的团体会员，通过县以上地方工会接受妇联的业务指导。

三、推动工会女职工组织运行制度化规范化

落实女职工委员会向同级工会委员会和上级工会女职工委员会报告工作制度，完善工会女职工委员会委员发挥作用制度。发挥女职工工作联系点、女职工工作信息员、社会化工会工作者、工会积极分子、工会工作志愿者以及社会组织作用。完善女职工工作培训制度，将女职工工作作为工会干部教育培训的重要内容，引导工会领导干部增强重视和支持女职工工作的意识；通过定期举办工会女职工工作干部培训班，逐步实现教育培训对专兼职工会女职工工作干部的全覆盖。注重培育不同层面工会女职工组织先进典型，以点带面推进工会女职工工作。

四、加强工会女职工工作干部队伍建设

各级工会应当高度重视女职工干部的选拔和培养工作，完善多层次、广覆盖的培训格局，不断提高女职工工作干部队伍的整体素质，努力将工会女职工组织建设成为学习型、服务型、创新型的组织，成为组织健全、维权到位、工作活跃、作用明显、女职工信赖的女职工之家。同时，要落实好女职工工作干部的待遇，关心工会女职工干部的成长，培养、推荐优秀的女职工工作干部，疏通干部交流渠道。

五、加大支持保障力度

各级工会要高度重视女职工工作，加强对女职工工作的领导，将女职工工作列入重要议事日程，纳入工会工作整体部署。各级工会要赋予女职工工作更多资源手段，为工会女职工工作创造更好的环境和条件。选优配强工会女职工工作干部。加大对工会女职工工作的经费支持和保障力度，落实《基层工会经费收支管理办法》，把女职工工作经费纳入工会经费预算统筹安排，保障女职工组织开展工作需要。加强正向激励，将女职工工作情况作为评优评先的重要参考。

思考题

1. 工会女职工工作的特点有哪些？
2. 工会女职工工作的指导思想是什么？
3. 工会女职工工作应当遵循哪些原则？
4. 女职工工作的基本职责是什么？
5. 如何以改革创新精神加强工会女职工组织自身建设？

【案例1】

工会贴心关爱　让幸福萦绕女职工

2023 年 7 月 11 日　来源：中工网

每天 11 时，河北盈通纺织科技有限公司女职工王女士走进企业内的"爱心妈妈小屋"，给刚刚被亲人送过来的宝宝喂奶，"爱心妈妈小屋"为处于特殊阶段的女职工清除了后顾之忧。

全省各级工会组织将"爱心妈妈小屋"打造成维护女职工权益的暖心工程，为全省工会女职工工作成绩单增添了浓墨重彩一笔。

女职工思想政治引领扎实有效

"我们都是普通人，做的是平凡事。如果每件平凡事都能做好、做漂亮，我们这些普通人合在一起，就成就了不平凡的事业。"邯郸市总工会女职工委员会在河北工程大学组织开展"奋进新征程　巾帼绽芳华——巾帼劳模进校园"宣讲活动中，三位巾帼劳模动情讲述了她们用实际行动诠释劳模精神、劳动精神、工匠精神的奋斗故事，赢得全场师生的热烈掌声。

汇聚榜样力量，传递巾帼匠心。省总工会女职工委员会组织开展的"巾帼劳模"进校园集中宣讲活动，从不同侧面展示了全省女职工坚定不移听党话、矢志不渝跟党走，自强不息、奋发有为的巾帼风采，唱响了劳动光荣、知识崇高、人才宝贵、创造伟大的时代最强音。

五年来，省总工会女职工委员会坚持凝心铸魂，以庆祝中国共产党成立 100 周年为主线，举办建党百年全省女职工风采展演活动；组织开展"玫瑰书香"女职工主题阅读活动，积极推动女职工读书会建设，组织开展女职工"大学习"课堂、"培育好家风——女职工在行动"主题实践活动。各级工会女职工组织成立女职工读书小组、文化沙龙，通过线上线下多种形式开展读书诵读、故事分享、演讲、征文比赛等丰富多彩的活动，用实际行动引领女职工听党话、跟党走，女职工思想政治引领工作扎实有效。

技能竞赛助力女职工建功立业

2021年第一季度，秦皇岛、唐山、承德三市联合举办母婴护理、家政服务职业技能线上竞赛活动。来自三市30余家单位的300多名参赛选手经过线上海选、线上理论初赛、线上实操复赛、线上实操决赛的层层选拔，以学促赛、以赛促训。本次竞赛彻底打破了以往家政技能竞赛时间、空间的限制，实现了专业互联网竞赛平台的线上竞技新模式，为三市选拔了一批优秀家政服务技师。这是河北省工会女职工组织培养知识型、技能型、创新型女职工队伍的积极探索和有益实践。

五年来，省总工会女职工委员会扎实落实产业工人队伍建设改革各项部署，组织动员广大女职工积极投身经济社会发展大局，在推动高质量发展中建功立业。多次组织开展女职工劳动和技能竞赛，举办全省女职工家政服务业职业技能大赛，推动女职工创新工作室和创业就业示范基地建设，开展女职工创新成果交流活动，通过全国巾帼工匠展、燕赵巾帼工匠论坛、女职工创新成果展示交流、五一巾帼奖培树、最美家政人评选等方式，不断拓展女职工素质提升的途径和平台，激励她们发挥作用、立足岗位、建功立业，为推动河北省高质量发展贡献巾帼力量。

积极作为　切实维护女职工合法权益

河钢集团邯钢公司展览馆四楼会议室内传来阵阵掌声，"木兰有约"法治宣讲团邯郸站的五位成员给邯钢女职工开展了"木兰有约"法治宣讲暨法律知识培训活动。

由女法官、女检察官、女律师组成的邯郸"木兰有约"法治宣讲团以"讲案例、说法律"的形式，通过典型案例分析、现场互动交流等形式，为女职工带来了一堂生动精彩的课程。

五年来，省总工会女职工委员会依法履职尽责，女职工权益维护工作取得实效。加强源头参与，出台《河北省女职工劳动保护特别规定》，制发《关于推进女职工专项集体合同工作的意见》《河北省女职工专项集体合同（范本）》，推动女职工权益保护专项集体合同与集体合同同步签订；与省人社厅等4部门联合开展女职工产假等权益执法行动；深入开展普法宣传和维权服务，将每年3月定为女职工维权行动月，开展"三八"妇女维权周法律知识微信竞答活动，组织各地工会开展维权周法律知识微信竞答；"情系女职工　法在你身边"答题活动，在女职工中大力弘扬法治精神，普及法律知识；联合女法官、女律师、女检察官协会开展"她力量——木兰有约"法治宣讲活动，引导女职工依法表达诉求，依法维护自身权益，助力平安河北、法治河北建设。

贴心服务　擦亮工作品牌

"优美风景、趣味活动、贴心服务，正是因为工会人的爱心付出，我们才遇到了最美好的约会。"一位青年职工在工会组织的"会聚良缘·七夕遇到你"交友活动现场感慨道。

近年来，青年职工婚恋问题是一个社会关注、家庭急盼、职工发愁的突出问题。面对职工对美好生活和幸福的渴望，省总工会女职工委员会深入贯彻落实《河北省中长期青年发展规划》，将为单身职工提供婚恋交友服务列入"我为群众办实事"实践活动项目清单，举全会之力真正把好事办实、把实事办好，办到职工群众心坎上。全省各级工会女职工组织开展日常婚恋交友服务，发挥基层工会女职工委员会主任的作用，日益壮大工会"红娘"团队，积极为青年职工牵线搭桥，推动婚恋服务工作常态化、制度化、品牌化。

"托管班虽然免费，但服务质量不打折。""以前，暑期孩子成了'放羊娃'，现在有了托管班，让我能安心工作，开得太及时了！""为托管班点赞。"职工纷纷表达对爱心托管班的感谢。

暑期放假，父母上班，孩子无人照看，"暑期看娃"成了煤矿人生活中的最大困难。在党史学习教育"我为群众办实事"实践活动中，邯矿集团公司工会以解决职工难事急事为导向，依托职工书屋阵地，在云驾岭矿开办首家"太阳花"爱心托管班，心贴心、实打实解决假期职工子女无人看管难题，让职工安心上班、快乐生活。

近年来，为切实解决职工群众生育、养育的后顾之忧，积极推进河北省普惠托育体系建设，省总工会深入贯彻《中共中央 国务院关于优化生育政策促进人口长期均衡发展的决定》，联合省卫生健康委下发《关于推动用人单位开展福利性托育服务工作的通知》，积极推动用人单位开展职工子女爱心托育、托管服务工作，向全总推荐申报全国爱心托育用人单位。组织开展女职工"两癌"筛查活动，安排对下专项补助资金200.1万元，组织各市总工会对8700名女职工开展"两癌"筛查工作。开展"爱心妈妈小屋"建设工作，省总累计补助资金1186.1万元，支持建设省级"爱心妈妈小屋"2447家。

巾帼之花绽放异彩。五年来，工会女职工组织一直秉承服务职工的理念，把服务女职工摆在更加突出的位置，制定印发《河北省总工会关于加强新时代工会女职工工作的意见》《河北省总工会关于贯彻落实〈河北省妇女发展规划〉（2021年—2030年）和〈河北省儿童发展规划〉（2021年—2030年）的实施方案》，举办全省工会女职工干部培训班，组织女职工工作理论研讨，进一步增强工会女职工组织吸引力、凝聚力、战斗力。截至2022年底，全省共有女职工475.49万人，女工会会员470.28万人，全省基层工会女职工组织118658个……一串串鲜活的数字，记录着河北女职工队伍发展壮大的印迹。

（河北工人报记者杨艳）

【案例2】

无锡工会女职工工作大抓基层出亮招

2023年2月9日 来源：中工网

江苏省无锡市总工会女职委公布首批基层工会女职工工作联系直报点。来自跨境电商、妇幼保健、文化旅游、生物医药、教育等多个行业的

10 家基层单位工会被确立为市总女职工工作联系直报点。

江阴市澄江跨境电商产业园作为典型的新经济新业态产业园区，建会以来坚持以促进企业发展、维护职工权益为根本原则，着力打造女职工生产生活的"理想国"。去年，园区女职工康乃馨服务站同时获得省级、市级优秀示范点。梁溪区妇幼保健计划生育服务中心工会融合"互联网+"新媒体线上线下服务，常年开展妇幼健康促进活动，累计受众超 250 万人次；制作喜马拉雅电台"女人花"健康专栏，传播健康理念，呼吁女性自我成长。拈花湾文旅工会通过打造微笑阅读班组，引导女职工爱读书乐分享；打造《拈花榜样说》栏目，记录女职工默默奉献、攻坚克难的点滴瞬间，激发和凝聚巾帼力量；成立巾帼服务队，下沉社区参加抗疫志愿服务，彰显奉献和担当。

据了解，基层工会女职工工作联系直报点以基层工会女职工组织为依托，满足所属行业有代表性、工会干部有积极性、工会工作有复制性的"三性标准"，是市总工会女职委及时、深入了解基层广大女职工思想动态和女职工工作的重要渠道。市总工会女职委将持续强化"目标导向为基层、力量下沉到基层、落实工作靠基层、推动发展强基层"的工作理念，建立健全女职工工作联系直报点制度。强化赋能培育，搭建开阔的交流协作平台，加强经常性工作指导，多形式开展业务培训，努力为基层直报点开展工作创造条件。同时，支持鼓励县级工会、产业（行业）工会同步组建女职工联系点培育库，积极构建联系广泛、服务女职工的工作体系，在全市形成上下联动、大抓基层的工会工作新格局。

（蔡菲菲）

工会女职工组织建设

　　工会女职工组织建设是开展工会女职工工作的组织保障。应当依法建立健全工会女职工组织机构，明确女职工组织机构的任务，加强工会女职工组织制度和工作制度建设，增强工会女职工组织的凝聚力和战斗力。

第一节　工会女职工组织机构设置及其任务

健全的组织机构、组织制度和工作制度，是开展工作的保障和基础。《工会法》第11条中规定："女职工人数较多的，可以建立工会女职工委员会，在同级工会领导下开展工作；女职工人数较少的，可以在工会委员会中设女职工委员。"《中国工会章程》第2章组织制度中的第14条规定："各级工会建立女职工委员会，表达和维护女职工的合法权益。女职工委员会由同级工会委员会提名，在充分协商的基础上组成或者选举产生，女职工委员会与工会委员会同时建立，在同级工会委员会领导下开展工作。企业工会女职工委员会是县或者县以上妇联的团体会员，通过县以上地方工会接受妇联的业务指导。"这一规定，为各级工会女职工组织的设置和建立做出了明确的制度和程序规范，各级工会要按照《工会法》《中国工会章程》《工会女职工委员会工作条例》的有关规定，建立和健全工会女职工组织，并完善女职工组织的各项制度。

一、工会女职工组织机构设置

工会女职工委员会是在同级工会委员会领导下和上一级工会女职工委员会指导下的女职工组织，根据女职工的特点和意愿开展工作。各级工会建立女职工委员会。

工会女职工组织机构大致可以分为全国性机构、地方性机构、产业性机构和基层组织。

（一）全国性工会女职工组织机构

全国总工会女职工委员会是在中华全国总工会领导下的具有民主性、代表性的全国性的女职工组织，是各地方工会女职工委员会和全国各产业工会女职工委员会的领导机关。全国总工会女职工委员会委员由各省、自治区、直辖市总工会和中央直属机关、中央国家机关工会联合会与各全国产业工会的女主席（或副主席）或女职工委员会主任，中共中央、国家有关部门及全国总工会机关相关业务部门的负责人，社会女专家学者等组成，并设顾问若干人。全国总工会女职工委员会主任由全国总工会分管女职工工作的女副主席担任，副主任由全总女职工部部长及副部长担任。女职工委员会下设办公室，全国总工会设立的女职工部同时承担女职工委员会办公室的职责，由部长和副部长主持日常工作，重大问题提交女职工委员会常委会讨论决定。

（二）地方性工会女职工组织机构

地方工会女职工委员会是按照国家行政区划所建立的省（自治区、直辖市）、地（市）、自治州、县（自治县）等地方总工会的女职工委员会。地方工会女职工委员会是地方所属的女职工委员会和各地方产业工会女职工委员会的领导机关。省、市级总工会女职工委员会的工作机构是同级工会女职工部，同时承担女职工委员会办公室工作。县级工会女职工委员会根据需要设立专职或兼职的工作人员，有条件的也可以设立女职工部，负责女职工委员会的日常工作。各级工会女职工委员会在接受同级工会领导的同时接受上级工会女职工委员会的指导。

（三）产业性工会女职工组织机构

产业工会女职工委员会是按照同一国民经济部门或性质相近的几个国民经济部门，在产业工会组织的基础上所组建的全国性和地方性的产业工会的女职工委员会。除全国铁路工会、中国民航工会、中国金融工会所属女职工委员会以产业工会领导为主外，各地方产业工会女职工委员会实行以地方工会女职工委员会领导为主，同时接受上级产业工会女职工委员会的领导。

（四）基层工会女职工组织机构

基层工会女职工组织是指企业、事业单位、机关、社会组织的工会女职工委员会。

地方和产业各级工会女职工委员会在接受同级工会领导的同时接受上

级工会女职工委员会的指导。

二、工会女职工组织的基本任务

根据《工会女职工委员会工作条例》规定，工会女职工委员会的基本任务如下。

（1）加强思想政治引领，组织女职工认真学习习近平新时代中国特色社会主义思想，开展理想信念教育，承担团结引导女职工听党话、跟党走的政治责任。教育女职工践行社会主义核心价值观，树立自尊、自信、自立、自强精神，不断提高思想道德素质、科学文化素质、技术技能素质和身心健康素质，建设有理想、有道德、有文化、有纪律的女职工队伍。

（2）按照"五位一体"总体布局和"四个全面"战略布局要求，践行新发展理念，把握为实现中华民族伟大复兴的中国梦而奋斗的工人运动时代主题，弘扬劳模精神、劳动精神、工匠精神，动员和组织广大女职工在改革发展稳定第一线建功立业。

（3）依法维护女职工在政治、经济、文化、社会和家庭等方面的合法权益和特殊利益，同一切歧视、虐待、摧残、迫害女职工的行为作斗争。

（4）参与有关保护女职工权益的法律、法规、规章、政策的制定和完善，监督、协助有关部门贯彻实施。代表和组织女职工依法依规参与本单位民主选举、民主协商、民主决策、民主管理和民主监督。参与平等协商、签订集体合同和女职工权益保护等专项集体合同工作，并参与监督执行。指导和帮助女职工与用人单位签订并履行劳动合同。参与涉及女职工特殊利益的劳动关系协调和劳动争议调解，及时反映侵害女职工权益问题，督促和参与侵权案件的调查处理。做好对女职工的关爱服务，加强对困难女职工的帮扶救助。

（5）开展家庭文明建设工作，围绕尊老爱幼、男女平等、夫妻和睦、勤俭持家、邻里团结等内容，充分发挥女职工在弘扬中华民族家庭美德、树立良好家风方面的独特作用。

（6）推动营造有利于女职工全面发展的社会环境，发现、培养、宣传和推荐优秀女性人才，组织开展五一巾帼奖等评选表彰。

（7）会同工会有关部门和社会有关方面共同做好女职工工作。在有关方面研究决定涉及女职工利益问题时，积极提出意见建议。

（8）与国际组织开展交流活动，为促进妇女事业发展作出贡献。

第二节　工会女职工组织制度和工作制度

一、工会女职工组织制度

根据 2019 年 2 月 27 日中华全国总工会第七届女职工委员会第一次会议修订的《工会女职工委员会工作条例》和 2022 年全国总工会发布的《关于加强新时代工会女职工工作的意见》的规定，工会女职工组织（工会女职工委员会）的组织制度主要有以下几方面内容。

（1）女职工委员会与工会委员会同时建立。企业、事业单位、机关和其他社会组织等工会基层委员会有女会员 10 人以上的建立女职工委员会，不足 10 人的设女职工委员。基层工会女职工委员会主任、副主任与工会委员会同时报上级工会审批。

（2）省、自治区、直辖市、地（市、州）总工会女职工委员会，实行垂直领导的产业工会女职工委员会，大型企业、事业单位、机关和其他社会组织等工会女职工委员会应设立办公室（女职工部），负责女职工委员会的日常工作；县级、乡镇（街道）、村（社区）工会和中、小企事业单位、机关等工会女职工委员会根据工作需要设专职或兼职工作人员，也可以设立办公室（女职工部）。

（3）女职工委员会委员由同级工会委员会提名，在充分协商的基础上产生，也可召开女职工大会或女职工代表大会选举产生。注重提高女劳动模范、一线女职工和基层工会女职工工作者在工会女职工委员会委员中的比例。县以上工会女职工委员会根据工作需要可聘请顾问若干人。

（4）县以上工会女职工委员会常务委员会由主任 1 人、副主任若干人、常委若干人组成。

（5）在工会代表大会、职工代表大会、教职工代表大会中，女职工代表的比例应与女职工占职工总数的比例相适应。

（6）工会女职工委员会是县以上妇联的团体会员，通过县以上地方工会接受妇联的业务指导。

二、工会女职工干部

（1）女职工委员会主任由同级工会女主席或女副主席担任，也可经民主协商，按照相应条件配备，享受同级工会副主席待遇。女职工委员会主任应提名为同级工会委员会或常务委员会委员候选人。

（2）女职工 200 人以上的企业、事业单位工会女职工委员会，应配备专职女职工工作干部。

（3）女职工委员会委员任期与同级工会委员会委员任期相同。在任期内，由于委员的工作变动等原因需要调整时，由工会女职工委员会提出相应的替补、增补人选，经同级工会委员会审议通过予以替补、增补，并报上级工会女职工委员会备案。

（4）各级工会女职工委员会要按照革命化、年轻化、知识化、专业化的要求和德才兼备、以德为先、任人唯贤的原则，努力建设一支政治坚定、业务扎实、作风过硬、廉洁自律，热爱女职工工作、深受女职工信赖的干部队伍。

（5）各级工会女职工委员会要加强对女干部的培养，重视培训工作，提高女干部队伍的整体素质。

三、工会女职工工作制度

工会女职工委员会的工作制度在 2019 年 2 月 27 日中华全国总工会第

七届女职工委员会第一次会议修订的《工会女职工委员会工作条例》和2022年全国总工会发布的《关于加强新时代工会女职工工作的意见》中作了明确规定，主要有以下几方面的内容。

第一，女职工委员会实行民主集中制。凡属重大问题，要广泛听取女职工意见，由委员会或常务委员会进行充分的民主讨论后作出决定。

第二，女职工委员会根据工作需要制定有关制度，每年召开1至2次常务委员会和委员会会议，也可临时召集会议。

第三，工会女职工委员会要定期向同级工会委员会和上级工会女职工委员会报告工作。

第四，县以上各级工会女职工委员会要把工作重心放在基层，增强基层女职工组织的活力，为广大女职工服务。

第五，各级工会要为工会女职工委员会开展工作与活动提供必要的经费，所需经费应列入同级工会的经费预算。

工会女职工组织在组织机构和各项制度建立之后，就要按照自己承担的社会职能开展工作。女职工组织的职能与工会的职能一致。作为女职工利益的代表者和维护者，工会女职工组织一定要维护女职工的合法权益和特殊利益，竭诚为女职工服务，切实解决女职工切身利益方面的问题。做不到这一点，女职工组织就会失去女职工的信赖和支持，也就失去了女职工组织存在的意义。

第三节　工会女职工组织的自身建设

加强工会女职工组织自身建设，增强女职工组织活力，是开展好工会女职工工作的基本保障。在新的历史发展阶段，工会女职工组织要代表和维护好女职工的合法权益和特殊利益，竭诚为女职工服务，首先要加强自身建设，增强女职工组织的凝聚力和战斗力。

一、加强工会女职工组织自身建设的重要意义

工会女职工组织的自身建设是工会女职工组织的自我完善与自我发展。一个组织的存在，既要适应外部的社会环境及其变化的需要，又要满足内部成员自身需求及其变化的需要，其组织的结构形式、工作方式、工作目标、工作要求等也要随着这些变化而不断进行调整。加强工会女职工组织的自身建设以适应形势发展的要求，已经成为各级工会女职工组织必须面对的重要课题。工会女职工组织的自身建设是推进工会女职工工作发展的基础，也是工会女职工工作生命力的源泉。

搞好工会女职工组织的自身建设，是工会女职工组织自身存在和应对挑战的需要。目前我国正处于全面建设社会主义现代化国家的新的历史阶段，是发展的关键时期，也是改革的攻坚阶段。随着改革的不断深化，社会经济关系和劳动关系发生了重大变化，使包括女职工在内的职工队伍内部结构也发生了很大的变化。维护女职工合法权益、竭诚服务女职工方面的任务越来越重，难度不断加大，这就要求工会女职工组织必须贯彻落实"组织起来、切实维权"的工作方针，从增强党的阶级基础、扩大党的群众基础、巩固党的执政地位、维护工人阶级队伍团结和工会组织统一的高度，坚持解放思想和创新精神，与时俱进地加强工会女职工组织的自身建设，努力解决制约工会女职工工作高质量发展的实际问题，夯实组织建设基础，全力推进理论创新、体制创新和工作创新，提高女职工干部队伍整体素质，以适应新时代工会女职工工作的需要。

二、工会女职工组织自身建设的主要内容

（一）组织体系建设

建立健全工会女职工组织体系，是工会女职工组织和工作机制得以正常运转的重要保证。工会女职工组织建设大致可以分为两个层次，一是基层工会女职工组织建设，二是县以上工会领导机关的女职工组织建设。

1. 基层工会女职工组织的建设

工会女职工组织建设的基础在基层，因此要把加强基层组织的建设放在重要的位置。为了进一步加强工会女职工组织对基层女职工工作的指导和规范化建设，2022 年全国总工会发布了《关于加强新时代工会女职工工作的意见》，强调加强基层工会女职工组织建设的基本要求是要组织健全、作用有效。具体有如下内容。

第一，要扩大工会女职工组织覆盖。坚持以工会组织建设带动工会女职工组织建设，女职工组织与工会组织同时筹备、同时产生（或换届）、同时报批，努力实现在已建工会组织单位中女职工组织的全覆盖。

第二，要坚持将工会女职工组织建设纳入工会组建整体工作中同步推进。按照《工会法》《中国工会章程》《企业工会工作条例》和《工会女职工委员会工作条例》的规定，企业、事业单位、机关、社会组织有女会员 10 人以上的，在组建工会的同时建立女职工委员会，并配备好相应的专、兼职干部，落实好干部待遇。不足 10 人的设女职工委员。要进一步推进街道社区女职工组织建设，总结和推广建立工会女职工组织联合会、区域、行业性工会女职工组织建设经验。

第三，着力加强非公有制企业工会女职工组织建设。在巩固公有制企业组织建设成果的基础上，大力促进非公有制企业工会女职工组织的广覆盖。推广建立工会女职工组织联合会和区域、行业性工会女职工组织联合会和"小三级"女职工组织建设经验，努力做到企业工会女职工委员会与工会委员会同步筹备、同步组建、同步报批、同步换届。

基层工会是开展工会工作的组织基础和工作基础，是工会吸引力、凝聚力的直接体现者。在基层组织建设工作中，工会女职工组织要坚持眼睛向下，工作重心下移，努力为基层工会女职工组织服好务，为基层女职工服好务。要通过开展各种适合女职工特点的活动，充分调动她们的积极性和创造性，在推进经济社会高质量发展中展示女职工的时代风采。要在加强基层工会女职工组织建设的同时，进一步规范基层女职工组织尤其是非公有制企业工会女职工组织工作，探索不同类型的基层工会女职工组织维权工作机制，切实发挥基层工会女职工组织在协调劳动关系、促进经济发展、构建和谐社会中的作用。

2. 县以上工会领导机关女职工组织的建设

县以上工会领导机关中的女职工组织体系比较健全。搞好工会领导机关的女职工组织建设，应重点注意以下几个方面的问题。

第一，各级工会领导要提高对女职工工作重要性的认识，切实将女职工工作纳入工会工作的重要议事日程，把工会女职工组织建设纳入工会组织建设的总体规划，为构建全会抓女职工工作、女职工工作为工会全局服务的工作格局创造条件。

第二，各级工会要按照《工会法》《中国工会章程》《工会女职工委员会工作条例》《企业工会工作条例》等有关文件的要求建立女职工委员会，确定合理的人员编制，配齐配强女职工部门工作干部，并落实好相关人员的待遇。

第三，在各级工会机构改革过程中，女职工组织不能削弱，更不能撤销。对已经出现的撤并或削弱工会女职工组织、降低女职工干部待遇的现象，应及时予以纠正。

第四，充分保障工会女职工工作经费。

第五，强化工会女职工组织在对外宣传、拓宽参与渠道等方面的协调力度，使之更好地发挥作用。

第六，要加大对乡镇、社区、街道等工会女职工组织建设工作的指导，以适应新形势发展的需要。

（二）加强工会女职工工作干部队伍建设

加强工会女职工组织自身建设，关键是加强工会女职工工作干部队伍建设。其主要内容包括提高女职工工作干部的素质、加强对女职工工作干部的管理、重视对女职工工作干部的培养等。

1. 全面提高工会女职工工作干部素质

（1）提高工会女职工工作干部素质的重要性和迫切性

建设一支高素质的工会女职工工作干部队伍，是做好工会女职工工作的基础和保障。长期以来，广大工会女职工工作干部对工会事业充满激情，对女职工工作充满热情，对女职工充满感情，以高度的事业心和责任感，爱岗敬业、务实创新、任劳任怨、无私奉献，全心全意为广大女职工服务，为推进工会女职工工作做出了突出贡献。但同时也要深刻认识到，面临新形势、新任务，工会女职工工作也对工会女职工工作干部素质提出了新的更高的要求。党的二十大报告强调，全面建设社会主义现代化国家，必须有一支政治过硬、适应新时代要求、具备领导现代化建设能力的干部队伍。这是党对干部队伍建设的要求，也是新时代工会女职工工作实现创新与发展的需要。在完善社会主义市场经济体制的历史进程中，女职工工作干部肩负着教育引导女职工以主人翁的姿态支持改革、投身改革的重任；肩负着把大量非公有制企业女职工、女农民工、新就业形态女职工组织到工会中来、团结在党的周围的重任；肩负着表达和维护女职工合法权益、竭诚为女职工服务，团结动员女职工为全面建成社会主义现代化强国建功立业的重任。因此，工会女职工工作干部必须努力加强自身能力建设，切实提高服从服务于党和国家工作大局的能力，切实提高组织、动员、依靠和服务女职工的能力，切实提高表达和维护女职工合法权益的能力，切实提高构建和谐稳定社会主义新型劳动关系的能力，切实提高工会女职工组织理论创新、体制创新和工作创新的能力，努力成为工会女职工工作的行家里手，更好地完成时代赋予的历史使命。

（2）女职工工作干部素质的主要内容

一是要有较高的政治思想素质。女职工工作干部要始终坚持坚定的政治立场，坚持正确的政治方向，保持清醒的政治头脑，在实践中不断增强政治敏锐性和政治鉴别力，善于从政治上、大局上认识和把握问题，深刻领悟"两个确立"的决定性意义，增强"四个意识"，坚定"四个自信"，做到"两个维护"，在思想上、政治上、行动上与以习近平同志为核心的党中央保持高度一致。坚持党的基本理论、基本路线、基本纲领、基本经验，认真学习和贯彻执行党的路线、方针、政策。坚持以马克思列宁主义、毛泽东思想、邓小平理论、"三个代表"重要思想、科学发展观、习近平新时代中国特色社会主义思想为指导，深入学习贯彻习近平总书记关于工人阶级和工会工作的重要论述。用马克思主义的立场、观点和方法分析和解决问题，树立正确的世界观、人生观、价值观，努力做共产主义远大理想和中国特色社会主义共同理想的坚定信仰者，忠诚于党的工运事业，热爱工会女职工工作。坚持以正确的思想和理论指导工会女职工工作，把党的宗旨体现在工会女职工工作的各项实践中，做科学发展观的践行者。坚持牢固树立大局意识，自觉地把工会女职工工作放到大局中去认识和把握，不断提高驾驭工会女职工工作全局和处理复杂局面的本领。

二是要有较好的业务素质。工会女职工工作是一项政治性、政策性、专业性、群众性都很强的工作。广大女职工工作干部要熟悉和掌握有关工会女职工工作的业务知识，以及国家有关方针政策、法律法规；认真学习与做好工会女职工工作相关的劳动就业、劳动报酬、劳动保护、社会保险、民主管理等方面的知识；要了解心理、生理、教育、伦理等其他学科的知识，不断优化知识结构。此外，要做好工会女职工工作，还必须培养和锻炼观察事物和综合分析问题的能力，调查研究和解决实际问题的能力，组织管理和协调的能力，宣传号召的能力，以及相应的社会交往的能力。要牢固树立群众观念，具有强烈的事业心和责任感，热心、专心、安心工会女职工工作，尊重、理解女职工，信任、关怀女职工，倾听她们的呼声，反映她们的愿望，关心她们的生活，满腔热情地为她们办好事实事；依法维护女职工的合法权益和特殊利益。

三是树立良好的工作作风。工作作风不仅关系到女职工干部的形象，也关系到女职工工作的效果。党的二十大报告指出："弘扬党的光荣传统和优良作风，促进党员干部特别是领导干部带头深入调查研究，扑下身子干实事、谋实招、求实效。"作为一名新时代的工会女职工工作者，必须具备求真务实的精神，坚决克服官僚化、机关化、行政化的工作作风，深入实际，调查研究，掌握第一手材料，注重分类指导，抓点带面，认真研究问题，努力真抓实干，善于及时总结和发现基层女职工工作的鲜活经验、先进典型，认真宣传推广、指导和推动全局工作。

四是培育良好心理素质。心理素质包括个人涵养和理智水平等方面。现实生活中，由于每个人性格、涵养以及驾驭理智的能力不同，也会导致对工作效果一定程度的影响。工会女职工工作干部较好的心理素质，表现在具有处理现实中各类问题时的稳定情绪、镇定态度、富有亲和力的形象、具有说服力的耐心，以及工作和生活中的良好行为习惯。

（3）提高女职工工作干部素质的主要途径

提高女职工工作干部素质，主要途径包括两条。

一是学习。学习的形式主要是接受正规培训和个人自学与进修。培训是提高干部素质工作中普遍采用的方式。通过培训，达到提高思想、理论、业务和管理水平，增强决策能力，学习掌握新的知识和工作方法的目的。全国总工会女职工委员会负责培训省级工会女职工工作干部；省（区、市）总工会女职工委员会负责培训地（市）、县（区）工会女职工工作干部；地（市）、县（区）工会女职工委员会负责培训基层工会女职工工作干部。

培训方式上主要分为岗位培训和委托代培。

岗位培训是目前对工会女职工工作干部进行培训的最常用的方式，是指按照岗位职务要求所进行的定向培训，是在一定文化和技能基础上进行的综合性培训。它以岗位职务规范为依据，把培训与实际工作需要结合起来，注重工作能力的提高。全国总工会和各省（区、市）总工会都建立了工会系统干部培训的基地和网络，并拥有较强的师资力量，为女职工工作干部的岗位培训打下了良好基础。

委托代培是指对女职工工作中专业性较强岗位的干部，委托各级党校、专业院校等，通过一定时间的正规学习，或通过举办专修班、进修班等，培养女职工工作中某一方面的专门人才。

个人自学与进修是指广大工会女职工工作干部结合自己工作的实际需要，利用业余时间通过参加各类成人业余教育，在职学习与女职工工作有关的法律及管理等方面的相关知识。广大女职工干部要树立起"自学成才、自我达标"的终身学习理念，提高学习能力，坚持不懈通过学习提高自己。

二是实践。读书是学习，使用也是学习，而且是更重要的学习。实践出真知，实践长才干。在工作实践中加强锻炼也是提高工会女职工干部素质的重要途径。由于脱产学习机会有限，在工作实践中学习提高，已成为女职工工作干部提高自身素质的最重要途径。在条件允许的情况下，还可以选送优秀女职工工作干部到基层挂职锻炼，在直接面向女职工服务的实践中全面提高素质和工作能力。

2. 加强对女职工工作干部的管理

工会对女职工工作干部的管理主要包括干部的配备、干部考核和干部培养3方面。

（1）在干部的配备上，各级工会女职工委员会要严格按照革命化、知识化、年轻化、专业化的"四化"标准和德才兼备的原则，以建设一支坚持党的基本路线、认真贯彻落实新发展理念、忠诚干净担当、熟悉本职业务、深受女职工信赖的工会女职工工作干部队伍为目标，在考核的基础上，选拔那些热爱女职工工作、有较高理论政策水平和领导能力、具有开拓创新精神的女干部到女职工工作岗位上工作。

（2）在专职女职工工作干部的考核上，推进女职工工作考核评价机制。要结合年度考评制度，对思想好、作风正、业绩突出的女职工工作干部予以奖励，激励女职工工作干部自觉提升素质和能力。

（3）重视对工会女职工工作干部的培养。工会对女职工工作干部的培养主要内容如下。一是在干部的培养、使用、晋升、学习、交流等环节上，做到对女职工工作干部一视同仁，并争取优先考虑。二是加大教育培养和选拔交流的力度，积极探索推荐和培养女职工工作干部的有效方式和途径，努力形成有利于工会女职工工作干部成长的机制。三是在政治上要严格要求，把好思想品质关；在工作上要大胆放手，创造宽松环境；在生活上要关心爱护，协调有关方面落实好干部待遇。各级工会女职工委员会要成为培养和输送女干部的基地。

第四节　工会女职工组织与妇联组织的工作关系

工会与妇联是两个不同的群众组织。工会与妇联在各自的工作中虽然都包含有女职工领域的工作，但由于主要工作对象和承担的社会职能的不同，在工作的侧重点与工作方式上也不尽相同。

一、工会组织与妇联组织的分工

工会是中国共产党领导的职工自愿结合的工人阶级群众性组织，具有鲜明的阶级性。女职工是工人阶级的重要组成部分，工会女职工组织的基本职责就是代表和维护女职工的合法权益和特殊利益、竭诚服务女职工。工会女职工委员会是具有民主性、群众性和代表性的一级组织，它代表着城市妇女的大多数和几乎所有的从业妇女。

妇联是以性别为界的群众性组织，实行团体会员制度，其工作主要是依靠团体会员完成。女职工是妇女群众中的一支先进骨干力量，妇联开展女职工工作应通过发挥工会女职工组织团体会员作用，对工会女职工工作进行业务指导。

根据中共中央办公厅转发的《全国总工会、全国妇联关于在企业女职工工作中进一步加强合作的通知》（中办厅字〔1991〕25 号函）精神以及《工会女职工委员会工作条例》的有关规定，工会在女职工工作中与妇联的分工主要体现在以下方面。

（1）企业中的女职工工作以工会为主，妇联配合；妇联不在企业建立组织。

（2）县和县以上各级工会女职工委员会是同级妇联的团体会员，基层工会女职工委员会通过县以上工会女职工委员会接受妇联的业务指导，妇联不直接向基层工会女职工委员会布置工作。

二、工会组织与妇联组织的协调与配备

工会与妇联应该在同级党委的领导下，团结协作，互相学习，互相尊重，取长补短，形成合力，共同做好女职工工作。

（1）工会女职工委员会作为妇联的团体会员，应该主动争取妇联的支持与指导。

（2）各级工会女职工组织是工会所属组织，接受工会的领导。同时，作为妇联的团体会员其工作接受妇联的业务指导。

（3）县以上工会和妇联的领导干部实行双向兼职，加强工作联系，相互参与工作意见。

（4）县以上工会和妇联建立工作联系制度，通过召开联席会议和相互参加有关会议，互通情况，共同协商，相互支持。

（5）企业女职工工作以工会为主，妇联不在企业建立组织。妇联对女职工委员会的业务指导通过县以上各级工会进行，妇联不直接向企业女职工委员会布置工作。

女职工委员会既是基层工会委员会领导下的依法维护女职工合法权益的组织，又是县以上妇联组织的团体会员，接受妇联的工作指导。

思考题

1. 工会女职工组织机构如何设立？

2. 工会女职工委员会的基本任务是什么？

3. 工会女职工组织制度和工作制度有哪些？

4. 加强工会女职工组织自身建设的重要意义是什么？

5. 工会女职工组织自身建设的主要内容是什么？

6. 如何加强工会女职工工作干部队伍建设？

【案例1】

天津滨海新区 15 家新就业形态企业建立女工组织

2022 年 3 月 21 日　来源：中工网

滨海新区总工会在全力推动新建工会组织同步建立女职工组织基础上，积极跟进新就业形态组织建会和八大群体入会工作，目前 15 家新就业形态企业建立了女工组织，并为女职工开展多项主题服务活动，让女职工尽享"娘家人"的暖心服务。

滨海新区总工会女职工委员会高度重视女职工工作，努力将关心关爱女职工落到实处，建立了《滨海新区总工会女工委工作制度》《联系女会员制度》，第一时间掌握女职工思想和诉求动态。结合这些需求，区总工会女工委开展了培训、环保行动、交流学习、亲子活动、健康保健等女职工主题活动 30 多场。区总工会女工委工作人员介绍，目前，滨海新区已有459 名护工护理员、748 名家政服务员、2465 名商场信息员加入工会组织中来。针对新就业形态劳动者及八大群体的工作特点，区总工会女工委联合相关部门开展了安全知识宣传讲座、心理咨询、法律援助、慰问演出等活动，获得了广泛欢迎。

除了丰富多彩的活动，滨海新区总工会女工委还借助多方资源，形成了以劳动和职工技能竞赛为载体、以教育培训为依托、以先进典型为引领的一系列具有新区特色的工作模式，激发女职工创新活力，提升女职工综合素质，引领女职工岗位建功。在滨海新区产业工人队伍建设改革中，"金锤杯"滨海职业技能大赛被列入十大重点工程，区总工会女工委主动跟进，围绕大局和高质量发展，坚持"建功新时代，巾帼有力量"的"共同缔造"理念，相继开展了以女职工为主要群体的核酸检测、心肺复苏、财会、家政、幼师游戏创设、少先辅导员等 30 余场职业技能大赛。岗位建功活动让一大批女劳模、女先进在劳动和技能竞赛中脱颖而出，黄海荣、吴仁花劳模创新工作室相继被评为天津市示范性劳模创新工作室。

此外，滨海新区总工会女工委积极为女职工安然度过女性特殊生理阶段提供更加人性化的服务，努力把"爱心妈咪之家"建成关爱女职工的"暖心工程"，对工作突出的区级"爱心妈咪之家"分别给予 4000 元的补贴。截至目前，全区建设"爱心妈咪之家"440 个，有 296 家被推为市级"爱心妈咪之家"。

（天津工人报记者王晓君）

【案例 2】

满洲里市总工会扎实推进女职工权益维护工作

2022 年 3 月 3 日　来源：中工网

内蒙古满洲里市总工会在满洲里市委的领导下，按照上级工会的要求和部署，服从服务于全市工作大局，着力将关爱女职工行动与服务职工活动相结合，依法维护女职工的合法权益和特殊利益。

加强法治宣传。在广大女职工中大力弘扬法治精神，普及法治知识，开展女职工劳动保护知识竞赛。利用"三八"等节日在广场和企业宣传《劳动法》《劳动合同法》《女职工劳动保护特别规定》等法律法规，积极引导广大女职工尊法、学法、守法、用法。同时畅通女职工诉求渠道，认真回应女职工关切的热点、难点问题，做好释疑解惑工作。

开展"关爱女职工健康行动"。组织动员广大女职工参加妇科普查，提高大病预防意识，使全市 90% 的单位形成了每年一查或两年必查的机制。每年邀请山东省济宁市著名妇科、超声专家为满洲里市困难女职工及社区干部开展免费"两癌"检查。投入资金 14.65 万元，为近 3 年未参加体检的 293 名女性环卫工人，开展肝功五项等 6 个项目的检查。组织全市各级工会举办关爱女性健康知识系列讲座 60 余场。注重对不同群体女职工的人文关怀和心理疏导，开展心理健康讲座，疫情防控期间，组织广大女职工收看 4 次讲座，保障女职工身心健康。组织青年交友联谊活动，开展职工婚恋服务。将女职工特殊权益以模块形式纳入集体合同范本统筹推进，2019 年以来，签订综合集体合同 131 份，涵盖企业 885 家，实现了签订集体合同企业女职工权益保护内容的全覆盖。注重对女劳模的培养和推荐，目前全市省部级以上女劳模占比为 36.4%。与女企协加强沟通，助力女企协开展慰问活动和志愿服务活动。疫情防控期间，对满洲里市支援湖北抗疫一线医护人员家属进行慰问；重点走访慰问女职工比较集中的医院及街道社区；慰问了 18 名防控一线的各级女劳模，发放慰问金 1.8 万元。

帮扶困难女职工。各级女职工组织把帮扶困难女职工作为一项重要工作来抓，将困难女职工纳入工会帮扶重点，建立健全困难女职工档案，切实采取有效措施，努力解决困难女职工在生产生活中的问题，满洲里市总工会通过开展走访慰问、救助子女就学、就业培训等方式帮扶全市 300 余名困难女职工。关心慰问困难女劳模，2019 年以来，为省部级以上困难女劳模发放慰问金 13.1 万元。关爱少年儿童、单亲家庭儿童、留守儿童、伤残儿童，先后慰问特情学生 28 名，发放慰问金及慰问品 2.3 万元。为友谊商贸有限责任公司烧伤女职工及市中蒙医院突发意外重大事故女职工子女每人送去应急救助金 2 万元。

推进女职工休息哺乳室建设。为进一步维护职业女性在孕期及哺乳期的合法权益和特殊利益，指导基层工会建设职工爱心托管班 3 家，女职工休息哺乳室 15 家，覆盖企事业单位、机场、医院、购物商场、旅游景点等行业。截至目前，15 家女职工休息哺乳室已开展女性心理咨询、女职工权益法律援助、产孕期妈咪健康知识讲座等多种形式的主题活动 500 余场，参与人数达到 8000 余人次。

发挥基层工会女职工组织作用。各级工会女职工组织结合女职工特点和新形势任务的要求，组织广大女职工积极参加劳动竞赛、技术比武、职工创新等活动，引领女职工在推动满洲里市经济高质量发展中建功立业。同时，有针对性地开展健康关心、母婴关爱、心理关怀、子女托教、婚恋服务等工作，切实为广大女职工解决实际困难和后顾之忧。通过读书会、报告会、大讲堂、演讲赛等形式，引导女职工恪守职业操守；开展"书香三八"征文活动，通过写家书、传亲情唤醒人们对家庭和亲情的珍视；利用工会阵地开展瑜伽、插花、烘焙、母婴护理等培训，以真诚服务增强女职工对工会组织的归属感和认同感。

（刘畅）

第三章

工会女职工工作方法

工作方法是实现工作目标的途径、步骤、手段，方法正确会取得事半功倍的效果。做好新时代工会女职工工作一定要讲究工作方法，学会运用科学的工作方法来推进女职工工作。

第一节　工会女职工工作基本方法

一、女职工工作面临的新情况和新变化

全面建成社会主义现代化强国，实现中华民族伟大复兴的中国梦，为广大女职工展示聪明才智提供了广阔的天地。同时，也给女职工工作带来了新情况、新挑战。要稳定女职工队伍，调动女职工的积极性、主动性、创造性，工会女职工工作就必须明确并应对这些新变化，掌握科学的工作方法，不断提升工作水平。

当前，我国的经济和社会结构发生了深刻变化，还将随着改革进一步深化。由此，工会女职工工作也面临新的情况。

一是女职工群体结构发生了变化。在我国所有制结构、产业结构调整，社会经济成分、组织形式、就业方式、利益关系和分配方式日益呈现多样化的同时，女职工队伍总量也在呈上升趋势。随之而来的是利益格局和群体结构的深刻变化。女农民工已逐渐成为女职工群体的一个重要组成部分；非公有制领域的女职工队伍日渐扩大；就业方式的多元化和就业竞争的日益激烈，下岗失业女职工人数相应增加。

二是女职工队伍分布流向的变化。进一步深化改革，社会流动机制的更新，社会成员流动速度加快，女职工队伍分布流向有了新的变化。新经济组织的女职工、新就业形态的女职工队伍逐步扩大，社区女职工队伍明显增加。女职工队伍分布流向的新变化，使现行基层工会女职工组织设置难以充分有效地覆盖女职工工作。

三是女职工权益维护面临新挑战。随着我国经济社会的发展、国家生育政策调整、科学技术的进步，《女职工劳动保护特别规定》基于女职工生理特点对女职工进行特殊劳动保护的程度、范围等方面都面临新问题、

新挑战。一是女职工平等劳动就业面临新挑战，二是科技与理念发展对女职工禁忌劳动范围调整提出新要求，三是灵活就业女性劳动者权益保障成为新课题，四是用人单位预防职场暴力与性骚扰制度举措需进一步细化。此外，部分企业在落实女职工"四期"保护规定方面存在差距。

面对女职工队伍结构、分布流向和维权面临新挑战的变化，工会女职工组织必须从政治的高度、全局的高度，深刻认识到工会女职工工作与时俱进、改革创新工作的重要性。按照有利于加强党对工会工作的领导、有利于发挥工会女职工组织在改革发展稳定大局中的作用、有利于提高工会女职工组织在女职工中的凝聚力的原则，不断调整工作布局，加强工作的层次性和针对性，针对不同女职工群体的特点，积极研究探索活跃工会女职工工作的组织方式、工作途径和工作方法，切实解决女职工维权需求与工会女职工组织维权手段不对称的问题，增强工会女职工组织的吸引力和凝聚力，努力塑造工会女职工组织服务大局、奋发有为的工作形象。

二、工会女职工工作的基本方法

（一）围绕中心，着眼特色

围绕党和国家工作中心和工会工作中心任务开展工作，既是开展女职工工作应坚持的基本原则，也是工会女职工工作的根本方法。现阶段，党和国家的中心任务就是要团结带领全国各族人民全面建成社会主义现代化强国，实现中华民族伟大复兴的中国梦，各项工作都是围绕这个中心任务的实现来安排。女职工工作也要围绕这个中心，在服从服务于党和国家大局、全局中发挥女职工和女职工工作的特殊作用。当然。由于工会女职工工作的特殊性，又决定了它围绕中心任务、服从服务于党和国家大局、工会工作全局的方式，是通过独立负责地开展具有自身特色的工作来实现的。否则，它就没有存在的必要。工会女职工组织必须从女职工的特点和需要出发来开展女职工工作，组织女职工开展各种经济技术活动，提高女职工素质能力，维护女职工特殊利益，充分发挥女职工"半边天"的作用。

（二）为民谋利

为民谋利法，实际上就是为女职工办好事、办实事、解难事。女职工最关心的就是她们的利益能否得到实现、维护和发展。工会女职工干部如果不能为她们办实事、解难事、谋利益，就不可能得到她们的信任和支持。所以，女职工干部要牢固树立群众利益无小事的观念，切实解决好与女职工生产和生活息息相关的实际问题，让女职工得到实实在在的利益，真正把好事、实事做在女职工所需之时、所盼之处，让女职工感受党和政府的温暖。

（三）民主协商

有事好商量，有事多商量，大家的事情大家来商量。工会女职工组织办事情、做决策，要采取大家的事情大家办的方式，众人的事情由众人协商解决。要改变过去行政命令的方法，把要办的事情拿出来，让大家讨论协商，最后达成共识。只有充分调动广大女职工的积极性、主动性，集中大家的智慧，我们办事情、做决策才能科学化、民主化，才会有无穷无尽的智慧和动力，才能推动工会女职工工作的开展。

（四）教育疏导

实际上就是做好说服、解释和思想政治工作。要杜绝居高临下的简单命令和单纯说教，开展平等的沟通交流，从心理关怀和心灵慰藉入手，关注心态情绪，关切心理诉求，关怀身心健康，化解群众心忧，打开群众心结，真正把教育疏导工作做到群众的心坎上。营造一个心情舒畅生动活泼的工作局面。

（五）协调各方，形成合力

由于女职工工作涉及各行各业，方方面面，疏通各种渠道，调动各方力量，争取多方支持就显得尤为重要。工会女职工组织要协调好与工会各个职能部门的关系；要主动与妇联、人社、教育、卫生、民政等部门加强联系，通力合作。女职工工作干部要努力提高协调能力，增强协调本领，善做沟通工作。

（六）坚持群众路线

群众路线，就是一切为了群众、一切依靠群众，从群众中来，到群众中去。群众路线是我们党的根本工作路线和生命线，也是工会工作的根本工作路线和生命线，也是工会女职工工作的基本工作方法。工会女职工工作是做女职工群众的工作，因此，必须牢固树立群众观念，贯彻党的群众路线，把群众路线作为工会女职工工作的根本工作路线和生命线，牢固树立尊重女职工群众、为女职工群众服务、依靠女职工群众的观念，切实做到为女职工群众说话办事，坚持按照女职工意愿和要求组织开展工作；要善于同女职工群众打成一片，组织依靠女职工积极分子做好工作；要深入女职工群众，亲近女职工群众、融入女职工群众，与女职工群众交朋友，学会说群众听得懂的话，切忌讲官话、大话、套话和空话。要做耐心细致的调查研究，及时发现问题，纠正错误，不断改进工作；要把女职工群众满意不满意、高兴不高兴、答应不答应作为工作的最高标准，自觉把女职工群众意愿作为"第一信号"，把女职工群众难题作为"第一抓手"。要充分相信群众、依靠群众，顺应群众期待，广泛凝聚群众力量，悉心汲取群众智慧。要畅通女职工群众反映意见建议的渠道，用民主的方法、说服教育的方法理顺情绪，化解矛盾，解决问题。

（七）独立自主，依法办事

工会女职工组织在党和工会领导下，依照法律法规和《中国工会章程》的规定，独立自主地开展工作。规范工会女职工组织自身行为，切实加强各项民主制度建设，使工会女职工工作在法律化、规范化、制度化轨道上运行，这既是工会工作法治化的核心，也是工会女职工工作最有效方法。掌握和运用依法办事的方法，要求工会女职工组织和女职工工作干部，重视增强法治意识，树立依法办事的观念，学好法律知识，在实践中加强锻炼。

第二节 工会女职工工作具体方法

一、换位思考

换位思考，就是要站在对方的立场上来思考处理问题，通俗地说就是将心比心。实践证明，换位思考是做好女职工工作的一大法宝。特别是对于一些涉及女职工群众切身利益的具体事情，要用女职工群众的眼光，从女职工群众的角度去考虑和处理。只有这样，我们的决策才能更符合女职工群众的意愿，更体现女职工群众的利益，也才能获得女职工群众的理解、支持和拥护。

二、以情动人

动之以情，晓之以理。人是有感情的，你对我好，我也会对你好。女职工群众只有自己感到受到了重视，得到了尊重，才可能理解你、支持你、配合你。所以，要做好工会女职工工作，必须加强与女职工群众的联系与沟通，带着真心到女职工群众中去，诚心诚意地帮助她们。要尊重女职工，与女职工平等互动、有效沟通，保证女职工有说话的地方，确保女职工意愿充分表达。要从心理上、感情上温暖她们，做到春风化雨，润物无声。

三、对症下药

"一把钥匙开一把锁"是矛盾特殊性的表现。做女职工工作不能搞"一刀切"，要下功夫研究掌握工作对象的个性特征，把握工作对象的思想脉搏，特别要注意其觉悟程度和接受能力，充分熟悉了解其脾气和性格、长处和弱点，科学确定不同对象的工作内容和工作方法，增强做女职工群众工作的针对性和实效性，提高工作效率和工作成果。

四、群众自治

群众自治法，即引导女职工群众自治，让女职工进行自我教育、自我管理、自我服务。尤其是动员女职工中有较高威望的人，如经济能人、能工巧匠、文艺骨干等来做女职工群众工作，女职工更听得进、心里服、效果好。

五、典型示范

典型示范法，即发挥榜样的力量。推行一项政策、倡导一种行为、激励一种精神，仅靠行政命令往往收效甚微，难以达到预期的效果。而通过选树先进典型，让女职工身边的先进、身边的感动来引导和激励女职工群众，往往能取得事半功倍的效果。当然，选树先进典型要牢牢把握真实性、群众性、多样性、时代性要求，使典型植根于群众中，植根于现实中，让女职工群众感到可信、可学、可比。工会女职工组织要善于运用典型示范法，大力选树和宣传女职工中的先进典型，树立女职工良好形象。

六、网络互动

在互联网时代，谁掌握了互联网，谁就掌握了时代主动权。通过互联网做群众工作，已成为时代的要求。工会女职工干部要增强互联网思维，善于通过网络渠道了解女职工的心声和诉求，加强与女职工的互联互动，及时了解群众所思、所想、所求，充分听取女职工群众的意见。要善于利用网络手段引导女职工，为女职工提供快捷、便捷、精准服务。

七、依法办事

工会女职工干部要增强法律意识，尊法、学法、守法、用法，坚持依法办事。在处理问题、调解矛盾时，要善于运用法律法规政策，将事实摆出来，把法律依据讲清楚，让女职工群众心服口服。还要加强法治宣传教育，引导女职工合理合法地表达利益诉求，维护自己的合法权益。

思考题

1. 工会女职工工作的基本方法有哪些？
2. 简述女职工工作的具体方法。

【案例1】

乌海市总工会用心做好关爱女职工工作

2023年7月12日　来源：中工网

内蒙古乌海市总工会竭诚服务女职工，以女职工需求为导向，精准施策。

开展"女职工维权行动月活动"。组织全市各企事业单位、新闻媒体大力宣传《妇女权益保障法》等法律条例，同时，重点选取5家企业开展女职工权益保障情况"法律体检"。联合市妇幼保健院为500名新就业形态女性劳动者等群体提供免费"两癌"筛查服务。

开展关心关爱活动。"六一"儿童节期间举办"大手牵小手·一起趣运动"2023年首届职工亲子运动会，为120名新就业形态劳动者及农牧民工子女送去价值1.5万元的文具套装。"七夕"前期在乌海市产业工人教育基地举办了一场单身青年联谊，11对青年成功牵手。

开展大调研走访。联合市卫生健康委深入乌海超高压供电公司、中国电信乌海分公司和乌海低碳产业园区开展托育服务情况调研，通过发放调查问卷和召开座谈会等方式广泛听取了企业、园区职工的意见建议。

乌海市总工会将持续关心关爱广大妇女职工，关注她们的需求，帮助她们解决生产生活中的困难，着力增强女职工的获得感、幸福感、安全感。

（吴钰）

【案例2】

女职工的"贴心人"

2021 年 8 月 4 日 来源：中工网

工作语录

作为一名"90 后"工会干部，要想做好工会工作，必须在干中学，在实际工作中了解职工的所想所需。

刘×楠是山西航天清华装备有限责任公司工会的一名"90 后"工会干部，分管女职工工作。她在平凡的工作中磨砺自己，在繁忙的岗位上坚守初心，团结带领女职工立足岗位建功立业。

一脸微笑 一腔热情

年轻的她总是笑脸迎人，认真对待每一项工作。每年"三八"节前后，是她最忙碌的日子。

为了将女职工活动开展好、女职工队伍建设好，在丰富广大女职工业余生活的同时，增强女职工的凝聚力，工作策划、安排、实施、宣传，刘赛楠总能有条不紊地将工作做细。她组织开展了以"快乐生活激情工作高质量发展清华巾帼再续新篇"为主题的"三八"妇女节拓展趣味运动会；开展了"巾帼建新功·共筑清华梦"女职工摄影作品展评活动；举办了以"法在我心中情洒我清华"为主题，以《民法典》《山西省女职工劳动保护条例》为内容的漫画征集展示活动，深受女职工好评，真正成为女职工的贴心"娘家人"。

牵红线 架鹊桥

企业每年都会有年轻的新职工入职。为了带给新职工归属感，她总是积极与市团委、医院、学校等单位沟通，为他们解决单身问题，给他们提供真诚、高效率的交友平台。

几年来，她组织"清华两辉映才子佳人来"等多个主题的大型单身青年联谊活动，为企业青年职工拓宽了交友范围，在为单身青年搭建情感互动平台的同时更好地展示企业青年人的风采，增强青年职工的归属感。

贴心关爱　周到服务

"她总是能第一时间发现女职工的难处，帮助我们解决困难。"该公司职工杨陈毅说。

刘×楠负责建设的"妈咪小屋"，为女职工提供了极大的便利，解决了很多年轻妈妈的烦恼。为了让广大女职工安心工作、快乐生活，每年"三八"节前后，她还不忘组织清华巾帼志愿者到失独家庭和单亲女职工家中走访慰问，为她们送去企业的关怀和温暖。

谈起对刘×楠的印象，该公司二分厂职工李×婵说："记得参加女职工拓展运动会那次，尽管她怀有身孕，仍然全程亲自安排、周密部署，活动当天发着高烧坚持在现场组织完各项活动。那一次活动，不管是形式还是组织安排上，都让我们感受到女职工组织的凝聚力，感受到我们女职工是受企业重视和关爱的群体，让我们很有归属感。"

（山西工人报记者郭倩　通讯员　李杨）

第四章

依法维护女职工合法权益和特殊利益

依法维护女职工合法权益和特殊利益，是工会女职工组织的基本职责，也是全社会的责任。工会女职工干部要学习掌握女职工合法权益的内涵，明确维权的主要内容，不断创新维权方法，拓宽维权途径，切实把女职工合法权益和特殊利益实现好、维护好、发展好。

第一节　依法维护女职工合法权益和特殊利益的重要意义

《宪法》第 48 条规定："中华人民共和国妇女在政治的、经济的、文化的、社会的和家庭的生活等各方面享有同男子平等的权利。"依法维护女职工的合法权益和特殊利益，切实保障女职工在国家政治、经济、文化和社会生活中的平等地位和各项权益，是党和国家的一贯政策，是工会组织的重要职责，同时也是全社会的责任。它对于促进男女平等、构建和谐社会、实现社会公正、推动经济社会高质量发展具有十分重要的意义。

一、维护女职工合法权益和特殊利益是经济社会发展和进步的需要

社会的存在、发展和进步要靠男女两性的共同努力和密切合作。在社会发展和进步的过程中，男女权利的平等是保证女性充分参与社会发展的重要条件。进入 21 世纪，广大女职工在政治、经济、文化、社会等领域取得了令人瞩目的非凡成就。社会发展的事实告诉我们：女职工地位的提高，是同整个社会发展和时代进步联系在一起的，女职工地位的高低直接反映着社会发展进步的程度。随着社会生产力的发展、物质生活水平和社会文明程度的提高，最终实现男女平等这一基本国策是历史的必然。但是，在这个过程中，男女不平等现象普遍存在，女职工在参政、就业、劳动报酬、教育以及婚姻家庭中平等权利的完全实现存在着各种困难和阻力，侵害女职工权益的现象时有发生。因此，国家有责任通过法律和政策来保障女职工的合法权益和特殊利益，促进法律赋予的男女平等权利在社会生活中的全面实现，促进女职工与社会的同步发展。在全面建成社会主

义现代化强国的伟大历史进程中，要更好地发挥女职工的积极作用，就必须切实代表反映她们的利益需求，维护好她们的合法权益和特殊利益，消除包括在教育、就业、收入、参与决策等领域的一切形式的男女不平等，使广大女职工平等地分享参与社会发展的权利、责任和机会。总之，维护女职工合法权益和特殊利益是社会发展和进步的需要。

二、维护女职工合法权益和特殊利益是女职工自身发展的需要

女职工自身发展与社会进步有着必然的联系，是社会全面发展的重要方面。女职工和男职工一样，也是推动人类社会发展的重要力量，特别是由于生理条件的差别，有许多职业更适合女性。因此，在社会全面发展的过程中能否最大限度地维护好女职工的合法权益和特殊利益，提高她们的社会地位，直接影响到能否调动这支重要社会力量的积极性，并使其作用得到较好的发挥，同时也影响到全社会物质文明、政治文明、精神文明、社会文明和生态文明建设的发展。由于女职工在承担社会经济生产的同时，还承担人类再生产的重任，因此，女职工的合法权益和特殊利益能否得到保护，还直接关系着下一代的孕育、哺育、教育和培养，并在相当程度上影响着国家、民族的现在和未来。要想关心和促进社会的进步和全面发展，就必须关心和促进女职工的自身发展，依法表达和维护女职工的合法权益和特殊利益。

三、维护女职工合法权益和特殊利益是女职工的现实要求

当前，社会主义市场经济不断发展和完善，非公有制经济的发展壮大，城乡劳动力流动的加快，企业组织形式、职工队伍结构、劳动关系、就业形态等发生了复杂深刻的变化，一些用人单位特别是非公企事业女职工的权益保障问题日渐突出，女职工的合法权益和特殊利益维护方面面临许多问题。比如：随着计划生育政策的调整，女职工就业、再就业困难加大，就业市场上存在着一定程度的用工性别歧视，侵害女职工劳动权益的

现象比较严重；非法侵犯女职工人身权益的事件时有发生；尤其是在部分非公企事业中，女职工存在着签订劳动合同难以保障、劳动时间长、劳动报酬低、安全卫生条件差、生产环境恶劣、女职工"四期"保护得不到落实、女职工从事禁忌劳动、性骚扰、女职工人身安全受到侵害等问题。上述问题的存在，严重影响到女职工的生产和生活，不仅使她们幸福感降低，而且时刻感受到危机和压力，因此，希望工会组织为她们维权服务的愿望和要求十分强烈。

四、维护女职工合法权益和特殊利益是工会女职工组织的基本职责

维护职工合法权益、竭诚服务职工群众是工会组织的基本职责，当然也是工会女职工组织的基本职责。各级工会女职工组织一定要始终把维护女职工的合法权益和特殊利益放在首位，要在同级工会领导下，积极参与有关保护女职工权益的法律、法规、政策的制定，并协助和监督有关部门贯彻实施；要积极参与平等协商和签订集体合同工作，努力促使女职工特殊保护内容纳入集体合同制度之中，有些问题可以通过签订单项集体合同或劳动协议予以规定，以确保女职工的特殊利益不受侵害；要建立和完善女职工民主参与、民主管理和民主监督的工作机制。把维护女职工合法权益和特殊利益纳入职工代表大会制度之中，作为厂务公开的重要内容之一。

五、维护女职工合法权益和特殊利益具有坚实的法律保障

我国是社会主义国家，保护妇女的合法权益和特殊利益是国家法律法规政策制定的重点之一。目前，我国已初步形成了以《宪法》为根本，以《妇女权益保障法》为主体，包括《工会法》《劳动法》《民法典》等法律、法规在内的保障妇女权益、促进男女平等和社会发展的法律体系。按照我国经济社会发展的总体目标和要求，结合我国妇女发展和男女平等的实际情况，2021 年 9 月 8 日国务院发布了《中国妇女发展纲要（2021—

2030 年）》，《纲要》提出：到 2030 年，男女平等基本国策得到深入贯彻落实，促进男女平等和妇女全面发展的制度机制创新完善；妇女平等享有全方位全生命周期健康服务，健康水平持续提升；妇女平等享有受教育权利，素质能力持续提高；妇女平等享有经济权益，经济地位稳步提升；妇女平等享有政治权利，参与国家和经济文化社会事务管理的水平逐步提高；妇女平等享有多层次可持续的社会保障，待遇水平稳步提高；支持家庭发展的法规政策体系更加完善，社会主义家庭文明新风尚广泛弘扬；男女平等理念更加深入人心，妇女发展环境更为优化；法治体系更加健全，妇女合法权益得到切实保障；妇女的获得感、幸福感、安全感显著提升。围绕健康、教育、经济、参与决策和管理、社会保障、家庭建设、环境、法律 8 个领域，纲要提出 75 项主要目标和 93 项策略措施。

全国总工会女职工委员会先后参与了《妇女权益保障法》《劳动合同法》《社会保险法》和《女职工劳动保护特别规定》等法律法规的制定和修订工作，推动女职工权益保护法律法规进一步完善，从而为工会女职工组织依法维权提供了依据和保障。

第二节　女职工合法权益和特殊利益的概念与内涵

一、女职工合法权益的概念与内涵

女职工的合法权益是指女职工除享受《宪法》及其他法律规定的公民、职工应当享有的同等权益外，还享有国家对妇女和女职工规定的合法权益。其内涵包括以下方面。

（一）女职工的政治权益

政治权利是指公民有依法通过各种途径和形式参与国家政治生活、管理国家事务、管理经济和文化事业、管理社会事务、对国家大事发表见解、对国家机关和国家机关工作人员以及政党及其组成人员进行监督的权利。政治权利是各项权利中最重要、最关键的部分。妇女要得到彻底解放，发挥积极作用，从而实现真正的男女平等，最重要的就是要实现政治权利上的男女平等。

女职工的政治权益是指女职工参与政治的权利和依法享有的利益。《妇女权益保障法》第2章对妇女的政治权利作了明确规定。其中主要内容包括如下。

1. 对妇女政治权利的规定。如第12条："国家保障妇女享有与男子平等的政治权利。"

2. 对妇女管理国家、社会事务权的保障。如第13条："妇女有权通过各种途径和形式，依法参与管理国家事务、管理经济和文化事业、管理社会事务。妇女和妇女组织有权向各级国家机关提出妇女权益保障方面的意见和建议。"

3. 对妇女选举权和被选举权的保障。如第14条第1款规定："妇女享有与男子平等的选举权和被选举权。"

4. 对妇女参政权的特别保障。如第14条第2、3款规定，"全国人民代表大会和地方各级人民代表大会的代表中，应当保证有适当数量的妇女代表。国家采取措施，逐步提高全国人民代表大会和地方各级人民代表大会的妇女代表的比例""居民委员会、村民委员会成员中，应当保证有适当数量的妇女成员"。第15条规定："国家积极培养和选拔女干部，重视培养和选拔少数民族女干部。国家机关、群团组织、企业事业单位培养、选拔和任用干部，应当坚持男女平等的原则，并有适当数量的妇女担任领导成员。妇女联合会及其团体会员，可以向国家机关、群团组织、企业事业单位推荐女干部。国家采取措施支持女性人才成长。"

5. 加强妇女联合会在妇女参政中的作用。如第16条规定："妇女联合会代表妇女积极参与国家和社会事务的民主协商、民主决策、民主管理和民主监督。"

6. 对有关妇女权益保障工作的批评或者合理可行的建议的保障。如第17 条规定："对于有关妇女权益保障工作的批评或者合理可行的建议，有关部门应当听取和采纳；对于有关侵害妇女权益的申诉、控告和检举，有关部门应当查清事实，负责处理，任何组织和个人不得压制或者打击报复。"

工会女职工组织维护女职工的政治权利，主要体现在代表女职工参政议政，为女职工参政议政创造条件，组织女职工参与国家事务和企业、事业单位的民主管理，坚持在职工代表大会中保证女职工代表占一定比例，并保证她们参与讨论企事业生产、管理、生活和企事业改革等重大问题，以充分体现女职工的意愿。坚持在使用和提拔干部上的男女平等，在女职工较多的行业和部门配备一定数量的女领导干部、选拔和培养女干部等。

（二）女职工的人身和人格权益

人身权，是指与人身直接相关而没有经济内容的权益。根据《民法典》第 990 条规定，人格权是民事主体享有的生命权、身体权、健康权、姓名权、名称权、肖像权、名誉权、荣誉权、隐私权等权利。除前款规定的人格权外，自然人享有基于人身自由、人格尊严产生的其他人格权益。《妇女权益保障法》第 3 章对妇女的人身和人格权作了明确规定。其中主要内容如下。

1. 对妇女人身和人格权的规定。第 18 条规定："国家保障妇女享有与男子平等的人身和人格权益。"

2. 保障妇女的人身自由。人身自由权就是公民在法律允许的范围内，以自己的意志支配自主行为的权利，包括行为自由也包括意思自由，任何他人不得干涉。第 19 条规定："妇女的人身自由不受侵犯。禁止非法拘禁和以其他非法手段剥夺或者限制妇女的人身自由；禁止非法搜查妇女的身体。"第 22 条规定："禁止拐卖、绑架妇女；禁止收买被拐卖、绑架的妇女；禁止阻碍解救被拐卖、绑架的妇女。各级人民政府和公安、民政、人力资源和社会保障、卫生健康等部门及村民委员会、居民委员会按照各自的职责及时发现报告，并采取措施解救被拐卖、绑架的妇女，做好被解救妇女的安置、救助和关爱等工作。妇女联合会协助和配合做好有关工作。任何组织和个人不得歧视被拐卖、绑架的妇女。"

3. 保障妇女的人格尊严。第 20 条规定："妇女的人格尊严不受侵犯。禁止用侮辱、诽谤等方式损害妇女的人格尊严。"

4. 保障妇女的生命权、身体权、健康权。第 21 条规定："妇女的生命权、身体权、健康权不受侵犯。禁止虐待、遗弃、残害、买卖以及其他侵害女性生命健康权益的行为。禁止进行非医学需要的胎儿性别鉴定和选择性别的人工终止妊娠。医疗机构施行生育手术、特殊检查或者特殊治疗时，应当征得妇女本人同意；在妇女与其家属或者关系人意见不一致时，应当尊重妇女本人意愿。"

5. 禁止对妇女实施性骚扰。性骚扰是指违反他人意愿，以语言、表情、动作、文字、图像、视频、语音、链接或其他任何方式使他人产生与性有关联的不适感的行为，无论行为实施者是否具有骚扰或其他任何不当目的或意图。《民法典》第 1010 条规定："违背他人意愿，以言语、文字、图像、肢体行为等方式对他人实施性骚扰的，受害人有权依法请求行为人承担民事责任。机关、企业、学校等单位应当采取合理的预防、受理投诉、调查处置等措施，防止和制止利用职权、从属关系等实施性骚扰。"明确了有关单位负有预防和处置性骚扰的法定义务。《妇女权益保障法》进一步完善了预防和处置性骚扰制度机制，主要内容包括如下。

（1）对禁止性骚扰的规定。第 23 条第 1 款："禁止违背妇女意愿，以言语、文字、图像、肢体行为等方式对其实施性骚扰。"

（2）明确了受害人的维权路径。第 23 条第 2、3 款规定："受害妇女可以向有关单位和国家机关投诉。接到投诉的有关单位和国家机关应当及时处理，并书面告知处理结果。受害妇女可以向公安机关报案，也可以向人民法院提起民事诉讼，依法请求行为人承担民事责任。"

（3）对合理的预防处置措施作了列举。第 25 条规定："用人单位应当采取下列措施预防和制止对妇女的性骚扰：①制定禁止性骚扰的规章制度；②明确负责机构或者人员；③开展预防和制止性骚扰的教育培训活动；④采取必要的安全保卫措施；⑤设置投诉电话、信箱等，畅通投诉渠道；⑥建立和完善调查处置程序，及时处置纠纷并保护当事人隐私和个人信息；⑦支持、协助受害妇女依法维权，必要时为受害妇女提供心理疏导；⑧其他合理的预防和制止性骚扰措施。"

（4）明确规定了行为人和单位应承担行政责任。第 80 条规定："违反本法规定，对妇女实施性骚扰的，由公安机关给予批评教育或者出具告诫书，并由所在单位依法给予处分。学校、用人单位违反本法规定，未采取必要措施预防和制止性骚扰，造成妇女权益受到侵害或者社会影响恶劣的，由上级机关或者主管部门责令改正；拒不改正或者情节严重的，依法对直接负责的主管人员和其他直接责任人员给予处分。"

6. 保障妇女的姓名权、肖像权、名誉权、荣誉权、隐私权和个人信息。第 28 条规定："妇女的姓名权、肖像权、名誉权、荣誉权、隐私权和个人信息等人格权益受法律保护。媒体报道涉及妇女事件应当客观、适度，不得通过夸大事实、过度渲染等方式侵害妇女的人格权益。禁止通过大众传播媒介或者其他方式贬低损害妇女人格。未经本人同意，不得通过广告、商标、展览橱窗、报纸、期刊、图书、音像制品、电子出版物、网络等形式使用妇女肖像，但法律另有规定的除外。"第 29 条规定："禁止以恋爱、交友为由或者在终止恋爱关系、离婚之后，纠缠、骚扰妇女，泄露、传播妇女隐私和个人信息。妇女遭受上述侵害或者面临上述侵害现实危险的，可以向人民法院申请人身安全保护令。"

7. 保障妇女的生育权。第 32 条规定："妇女依法享有生育子女的权利，也有不生育子女的自由。"第 33 条规定："国家实行婚前、孕前、孕产期和产后保健制度，逐步建立妇女全生育周期系统保健制度。医疗保健机构应当提供安全、有效的医疗保健服务，保障妇女生育安全和健康。有关部门应当提供安全、有效的避孕药具和技术，保障妇女的健康和安全。"

工会女职工组织维护女职工的人身和人格权利，主要是通过积极参与侵害女职工人身权利的案件的调查处理，配合、督促有关行政、司法部门严格依法处理有关女职工的侵权案件，及时了解女职工的呼声，帮助解决女职工所遇到的困难，使女职工的各项人身权利得到切实保障。

（三）女职工的文化教育权益

女职工的文化教育权益是指女职工依法享有的接受教育的权利和从事文学、艺术、科学技术和其他文化活动的权利。根据《妇女权益保障法》的规定，国家保障妇女享有与男子平等的文化教育权利。这包括两个方面。一是国家保障妇女享有接受教育的权利，即父母或者其他监护人应当履行保障适龄女性未成年人接受并完成义务教育的义务；学校和有关部门应当执行国家有关规定，保障妇女在入学、升学、授予学位、派出留学、就业指导和服务等方面享有与男子平等的权利。二是国家保障妇女享有文化权利，即国家机关、社会团体和企业事业单位应当执行国家有关规定，保障妇女从事科学、技术、文学、艺术和其他文化活动，享有与男子平等的权利。这主要是指保障妇女参与各种文化活动的权利和取得智力成果的权利。

工会女职工组织维护女职工的文化教育权益，主要体现在积极为女职工提高文化技术素质创造条件，为女职工提供较多的学习、培训机会，全面提高女职工的整体素质。组织女职工开展各种文化体育活动，丰富女职工的业余文化生活。

（四）女职工的劳动和社会保障权益

女职工的劳动和社会保障权益是指女职工依据《劳动法》《社会保险法》等享有的劳动与社会保障方面的权利和利益。主要内容有：平等就业和选择职业的权利；取得劳动报酬的权利；休息休假的权利；获得劳动安全卫生保护的权利；接受职业技能培训的权利；享受社会保险和保障的权利；提请劳动争议处理的权利。《妇女权益保障法》对妇女的劳动和社会保障权益保障作出了明确规定，主要内容包括如下。

1. 对妇女劳动和社会保障权利的规定。第 41 条："国家保障妇女享有与男子平等的劳动权利和社会保障权利。"

2. 消除就业性别歧视，维护女性劳动者平等就业权。我国《劳动法》

《就业促进法》等法律明确规定，妇女享有平等就业权利，任何单位或组织不得实施就业性别歧视。但这些规定过于原则，在实际执行中效果并不理想。为此，《妇女权益保障法》进一步细化相关法律规则，明确具体措施，加大干预力度，从而补齐了过往反制就业性别歧视中存在的短板。一是明确就业性别歧视的具体情形。第43条规定："用人单位在招录（聘）过程中，除国家另有规定外，不得实施下列行为：（1）限定为男性或者规定男性优先；（2）除个人基本信息外，进一步询问或者调查女性求职者的婚育情况；（3）将妊娠测试作为入职体检项目；（4）将限制结婚、生育或者婚姻、生育状况作为录（聘）用条件；（5）其他以性别为由拒绝录（聘）用妇女或者差别化地提高对妇女录（聘）用标准的行为。"第46条规定："在晋职、晋级、评聘专业技术职称和职务、培训等方面，应当坚持男女平等的原则，不得歧视妇女。"二是将就业性别歧视纳入劳动监察范围，通过行政手段加大查处力度。第49条规定："人力资源和社会保障部门应当将招聘、录取、晋职、晋级、评聘专业技术职称和职务、培训、辞退等过程中的性别歧视行为纳入劳动保障监察范围。"三是规定了法律责任。第83条规定："用人单位违反本法第43条和第48条规定的，由人力资源和社会保障部门责令改正；拒不改正或者情节严重的，处1万元以上5万元以下罚款。"

3. 劳动合同、集体合同对女职工的保护。第44条规定："用人单位在录（聘）用女职工时，应当依法与其签订劳动（聘用）合同或者服务协议，劳动（聘用）合同或者服务协议中应当具备女职工特殊保护条款，并不得规定限制女职工结婚、生育等内容。职工一方与用人单位订立的集体合同中应当包含男女平等和女职工权益保护相关内容，也可以就相关内容制定专章、附件或者单独订立女职工权益保护专项集体合同。"

4. 男女同工同酬。第45条规定："实行男女同工同酬。妇女在享受福利待遇方面享有与男子平等的权利。"第46条："在晋职、晋级、评聘专业技术职称和职务、培训等方面，应当坚持男女平等的原则，不得歧视妇女。"

5. 完善生育保障制度，明确用人单位对女职工的生育保障义务。第47条规定："用人单位应当根据妇女的特点，依法保护妇女在工作和劳动时的安全、健康以及休息的权利。妇女在经期、孕期、产期、哺乳期受特殊保护。"第48条规定："用人单位不得因结婚、怀孕、产假、哺乳等情形，降低女职工的工资和福利待遇，限制女职工晋职、晋级、评聘专业技术职称和职务，辞退女职工，单方解除劳动（聘用）合同或者服务协议。女职工在怀孕以及依法享受产假期间，劳动（聘用）合同或者服务协议期满的，劳动（聘用）合同或者服务协议期限自动延续至产假结束。但是，用人单位依法解除、终止劳动（聘用）合同、服务协议，或者女职工依法要求解除、终止劳动（聘用）合同、服务协议的除外。用人单位在执行国家退休制度时，不得以性别为由歧视妇女。"第51条规定："国家实行生育保险制度，建立健全婴幼儿托育服务等与生育相关的其他保障制度。国家建立健全职工生育休假制度，保障孕产期女职工依法享有休息休假权益。地方各级人民政府和有关部门应当按照国家有关规定，为符合条件的困难妇女提供必要的生育救助。"

工会女职工组织应依据《劳动法》《社会保险法》及《妇女权益保障法》的规定，维护女职工的各项劳动经济权益，配合和监督企业做好保障女职工各项权益措施的实施和落实。

（五）女职工的财产权益

财产权是指以财产利益为内容、直接体现某种经济利益的权益。包括物权和债权等。

《妇女权益保障法》规定，国家保障妇女享有与男子平等的财产权利。根据《妇女权益保障法》的规定，在夫妻共同财产、家庭共有财产关系中，不得侵害妇女依法享有的权益。妇女在农村集体经济组织成员身份确认、土地承包经营、集体经济组织收益分配、土地征收补偿安置或者征用补偿以及宅基地使用等方面，享有与男子平等的权利。村民自治章程、村规民约，村民会议、村民代表会议的决定以及其他涉及村民利益事项的决定，不得以妇女未婚、结婚、离婚、丧偶、户无男性等为由，侵害妇女在农村集体经济组织中的各项权益。因结婚男方到女方住所落户的，男方和子女享有与所在地农村集体经济组织成员平等的权益。国家保护妇女在城镇集体所有财产关系中的权益。妇女依照法律、法规的规定享有相关权益。妇女享有与男子平等的继承权。妇女依法行使继承权，不受歧视。丧偶妇女有权依法处分继承的财产，任何组织和个人不得干涉。丧偶儿媳对公婆尽了主要赡养义务的，作为第一顺序继承人，其继承权不受子女代位继承的影响。

（六）女职工的婚姻家庭权益

女职工的婚姻家庭权益是指女职工在婚姻、家庭中所享有的法律所规定的权利的总称。

妇女的婚姻家庭权益，《妇女权益保障法》《民法典》中都作了规定。如国家保障妇女享有与男子平等的婚姻家庭权利。国家保护妇女的婚姻自主权。禁止干涉妇女的结婚、离婚自由。国家鼓励男女双方在结婚登记前，共同进行医学检查或者相关健康体检。婚姻登记机关应当提供婚姻家庭辅导服务，引导当事人建立平等、和睦、文明的婚姻家庭关系。女方在怀孕期间、分娩后 1 年内或者终止妊娠后 6 个月内，男方不得提出离婚，但是，女方提出离婚或者人民法院认为确有必要受理男方离婚请求的除外。禁止对妇女实施家庭暴力。妇女对夫妻共同财产享有与其配偶平等的占有、使用、收益和处分的权利，不受双方收入状况等情形的影响。夫妻双方应当共同负担家庭义务，共同照顾家庭生活。父母双方对未成年子女享有平等的监护权。

为了预防和制止家庭暴力，保护家庭成员的合法权益，维护平等、和睦、文明的家庭关系，促进家庭和谐、社会稳定，中华人民共和国第十二届全国人民代表大会常务委员会第十八次会议于 2015 年 12 月 27 日通过《中华人民共和国反家庭暴力法》，自 2016 年 3 月 1 日起施行。该法规定：家庭暴力是指家庭成员之间以殴打、捆绑、残害、限制人身自由以及经常性谩骂、恐吓等方式实施的身体、精神等侵害行为。家庭成员之间应当互相帮助，互相关爱，和睦相处，履行家庭义务。反家庭暴力是国家、社会和每个家庭的共同责任。国家禁止任何形式的家庭暴力。

工会女职工组织要通过多种形式，教育和帮助女职工学习和掌握法律知识，维护自己在家庭和婚姻生活中的合法权益不受侵害，同时开展家庭文化建设活动，发挥女职工在家庭文明建设中的重要作用。

二、女职工特殊利益的概念和内涵

女职工的特殊利益是指女职工除享受国家规定的妇女应享有的合法权益外，还享受国家针对女职工生理、心理特点而制定的特殊利益保护措施。之所以强调女职工的特殊利益，原因在于：女职工特殊的生理特征就要求在劳动中对女职工进行特殊的保护，任何单位均应根据妇女的特点，依法保护妇女在工作和劳动时的安全和健康，不得安排不适合妇女从事的工作和劳动；女职工在生理方面，有经期、孕期、产期、哺乳期的特殊生理特征，需要进行"四期"保护；在社会生活方面，女职工不仅承担着社会物质生产任务，而且还承担着人口再生产的使命，双重的生活任务，决定了女职工比男职工承担着更多的精神与身体负担；在现实生活中，我们国家尽管倡导男女平等，但还是存在着性别歧视现象，女职工权益被侵害的现象还时有发生。女职工的这种特殊性，决定了女职工的特殊利益和特殊要求，决定了女职工工作的特殊性。

《妇女权益保障法》第2条规定："妇女在政治的、经济的、文化的、社会的和家庭的生活等方面享有同男子平等的权利。国家采取必要措施，促进男女平等，消除对妇女一切形式的歧视，禁止排斥、限制妇女依法享有和行使各项权益。国家保护妇女依法享有的特殊权益。"

《企业工会工作条例》第43条规定："女职工委员会依法维护女职工的合法权益，重点是女职工经期、孕期、产期、哺乳期保护，禁忌劳动、卫生保健、生育保险等特殊利益。"第44条规定："女职工委员会定期研究涉及女职工特殊权益问题，向企业工会委员会和上级女职工委员会报告工作，重要问题应提交企业职工代表大会或职工大会审议。"工会女职工组织要依照法律法规的要求，针对女职工的特点，切实维护好她们的特殊利益。

2012 年 4 月 28 日，国务院颁布实施《女职工劳动保护特别规定》（下称《规定》），该《规定》调整了女职工禁忌从事的劳动范围，将女职工的产假由 90 天延长至 98 天（14 周）；规定女职工没上生育保险的，其生育费用由用人单位支付；强调在劳动场所，用人单位要预防和制止对女职工的性骚扰；该规定明确了用人单位违反该《规定》的法律责任。

第三节　工会维护女职工合法权益和特殊利益的途径

在新时代，工会女职工组织要认真履行维权服务的基本职责，发挥好依法维护女职工合法权益和特殊利益的作用，就必须要强化创新意识，创新维权方法，拓宽维权途径，通过途径的创新和拓宽，使工会女职工组织的维权服务工作更具有针对性和实效性。

一、注重源头参与，建立女职工维权工作机制

注重加强源头参与是有效维护女职工合法权益的根本途径。实践证明，只有加大源头参与的力度，才能更好地代表和维护女职工的合法权益和特殊利益。

各级工会女职工组织要以《劳动法》《工会法》《劳动合同法》《就业促进法》《妇女权益保障法》和《女职工劳动保护特别规定》等法律法规为依据，从宏观和微观两个层面做好维权工作。各级工会领导机关的女职工组织要积极参与涉及女职工权益法律法规的制定与完善，推动和促进涉及女职工权益的法律法规纳入国家和地方的立法规划；通过工会组织中的人大代表、政协委员等多种途径，积极反映女职工权益方面的突出问题，

提出建议；从理论与实践的结合上认真研究和把握劳动就业、劳动报酬、社会保障、职业培训、职业安全卫生等方面问题，积极做好源头参与和宏观维护。基层工会女职工组织要参与本单位平等协商和签订集体合同工作，将女职工特殊权益的具体内容纳入集体合同中，积极创造条件签订保障女职工特殊利益的专项集体合同或将女职工特殊利益的文本作为集体合同的附件等。在推行职工代表大会制度中，要体现保障女职工参与民主决策、民主管理、民主监督的权利，坚持职工代表大会中有一定名额和比例的女职工代表，积极争取涉及女职工权益的突出问题提交职工代表大会讨论。工会女职工组织还要在工会与同级政府的联席会议制度及政府、企业（雇主）、工会三方协调机制中发挥作用，积极参与与女职工有关的劳动争议的调解和仲裁工作。

二、开展调查研究和法律监督，推动法律法规的贯彻落实

工会女职工组织对有关法律法规的贯彻落实情况要进行深入调查研究，及时准确地反映情况和问题，并在此基础上运用法律武器维护女职工的合法权益和特殊利益。

要密切关注、积极跟进每一个时期女职工最关心、最直接、最现实、反映最强烈的问题。根据具体情况确定调研重点，对重大问题应协同有关部门进行专题调查，并将情况、问题和建议及时向党委和政府反映。

各级工会女职工组织要注意加强与政府、行政部门的沟通与合作，并主动配合人大、政协及劳动部门开展有关的执法检查，对于检查中发现的问题，要督促政府有关部门予以解决，督促违法企业进行整改，杜绝侵权现象的发生。同时逐步建立健全工会群众性法律监督网络体系，与司法监督、行政监督和社会舆论监督结合起来。要通过开展联合调查、开设女职工维权热线等方式对侵害女职工权益的行为进行监督，推动各项法律法规的落实。要认真参与对侵害女职工权益重大案件的查处，旗帜鲜明地为受害女职工伸张正义。同时要努力优化维护女职工权益的法治环境，加大向全社会宣传女职工权益保障法律法规的力度，以提高包括党政领导干部、

工会干部、企事业经营管理者、女职工等在内的全社会成员对法律法规的认知程度。

三、提高女职工的法律意识，增强女职工自我维权的能力

在现实工作和生活中，一些女职工不知法、不懂法，缺乏自我保护的意识和能力，是其权益受到侵害的一个重要原因。各级工会女职工组织必须把加强对女职工的普法教育作为一项重要工作内容，加大力度，采用多种方式向女职工宣传法律知识，增强女职工的法治观念，使广大女职工不仅自觉遵守国家的法律法规和用人单位的规章制度，同时了解法律法规所赋予自己的权利。广大女职工只有掌握了法律这个武器，才能够依法维护自身的合法权益，自觉地与侵害自己权益的现象作斗争，并有利于形成群众监督机制，增强女职工自我维权的能力。

四、整合社会资源，共同做好维护女职工权益工作

维护女职工合法权益和特殊利益是一项复杂的社会系统工程，是全社会的共同责任。做好女职工维权工作不是单靠某一组织和部门能够独立完成的，而是需要党组织的重视和领导、政府的作为、各级人民代表大会的立法和监督、政协的关注与督促，公检法、人社、民政、卫生、教育、工会、妇联等部门和群众团体各司其职、通力合作，新闻媒体的宣传与干预，以及全社会的广泛参与和支持。各级工会女职工组织在履行职责的同时，要加强与社会各方面的沟通、联系和配合，借助社会各方面的力量和资源，协调内外关系，积极探索社会化维权的新方式、新途径、新举措，推动并逐步形成党委领导、政府重视、各方支持、工会运作、女职工参与的工作格局，使工会女职工组织的维权力量不断加强、领域不断拓展，使女职工的合法权益和特殊利益得到切实保障。

五、大力实施女职工"关爱行动"，努力为困难女职工做好事办实事解难事

在国家经济结构和社会结构发生深刻变化的时期，女职工在生产与生活中遇到的问题显得更为突出。如：有些女职工因下岗带来一定的经济困难；有些女职工身患重病、大病导致家庭贫困，有的无力承担子女上学费用等。开展帮扶困难女职工工作，是各级工会组织自觉实践新发展理念、推动高质量发展的重要举措，是进一步发挥党联系职工群众的桥梁纽带作用的重要载体。各级工会女职工组织要怀着满腔热情和深厚感情，深入基层，关心女职工群众的疾苦，倾听女职工群众的呼声，了解女职工群众的意愿，积极协助政府和行政部门做好困难女职工的帮扶解困工作。尤其要关注女职工特困群体，对于家庭人均收入低于当地城镇居民最低生活保障线的女职工；家庭人均收入略高于当地城镇居民最低生活保障线，但因下岗失业、重大疾病、子女教育、意外灾难等原因造成家庭生活困难的女职工，要做好帮扶救助工作；进一步建立、完善特困女职工档案，继续开展"助学活动"和"姐妹献爱心"活动；继续开展女职工特殊疾病互助保障工作，提高女职工的健康水平和保健意识。单亲困难女职工是困难女职工群体中的一个特殊群体，要进一步研究探索对单亲困难女职工的帮扶、救助措施，着力做好单亲困难女职工的帮扶解困工作，帮助她们解决工作生活中的实际困难。在工会困难职工帮扶机制建设中，工会女职工组织要充分发挥自身优势，努力为女职工做好事、办实事、解难事。

为推动党和政府保障和改善民生的落实，坚持以人为本，进一步加大对困难女职工的帮扶力度，帮助她们解决生产生活中遇到的特殊困难，全国总工会女职工委员会于2011年3月正式启动实施女职工"关爱行动"。其内容主要有4项：一是特困援助；二是职业健康；三是子女助学；四是心理关怀。实践证明，通过实实在在地为女职工做好事、办实事、解难事，使广大女职工特别是困难女职工群体深切感受到工会女职工组织的温暖，才能不断增强工会女职工组织的凝聚力、影响力。

第四节　推进女职工权益保护专项集体合同工作

《劳动合同法》第 52 条规定："企业职工一方与用人单位可以订立劳动安全卫生、女职工权益保护、工资调整机制等专项集体合同。"女职工权益保护专项集体合同，是用人单位与本单位女职工根据法律、法规、规章的规定，就女职工合法权益和特殊利益方面的内容通过集体协商签订的专项协议，它对用人单位和本单位的全体女职工具有法律约束力。签订女职工权益保护专项集体合同是工会女职工组织维护女职工合法权益和特殊利益的一项重要机制，也是全总力推的一项重点工作。

一、推进女职工权益保护专项集体合同工作的重要意义

（一）是发展社会主义市场经济、建立协调稳定劳动关系的必然要求

随着改革开放的深入和社会主义市场经济的发展，企业所有制形式、劳动用工和收入分配方式出现多样化，职工群体和利益分配也呈现多样化，单一的综合性集体合同难以完全涵盖劳动者的合法利益。集体合同制度的内容和形式开始分别向突出工资集体协商方面和区域性、行业性、专项性等方向发展。工资集体协商、女职工权益保护、劳动安全保护等专项集体合同也随之应运而生。特别是 2008 年 1 月 1 日实施的《劳动合同法》，为推行女职工权益保护专项集体合同工作进一步提供了法律依据，为各地推进女职工权益保护专项集体合同工作创造了更好的社会氛围。

目前，各级工会女职工组织正在按照《劳动合同法》及其实施细则规定，根据全国总工会的安排部署，大力推动女职工权益保护专项集体合同工作的深入开展，通过建立和完善女职工维权机制，努力做到主动依法科

学地维护女职工的合法权益和特殊利益。

(二) 是促进企事业稳定和谐，保障企事业高质量发展的需要

女职工是企事业职工队伍的重要组成部分，在企事业的发展、稳定和建设中发挥着不可忽视的作用。在有些企事业中，却存在忽视甚至侵害女职工合法权益和特殊利益的情况，比如，女职工由于生理特点和承担人类再生产使命的特殊性，常常被企事业视为高成本劳动力而受到歧视，或是特殊利益被漠视。特别是在近些年，大量农民工女性加入职工队伍，男女不平等、劳动用工不规范等矛盾凸显。不少企事业的女职工劳动时间长、劳动报酬低、劳动安全卫生条件差、"四期"保护和从事禁忌劳动等规定得不到落实，侵害女职工合法权益的现象时有发生，严重影响了企事业劳动关系的和谐与职工队伍的稳定。这些不合理、不公平情况，给女职工带来了较大的身心压力和经济压力。这种情况如不改变，不仅难以调动女职工生产工作积极性、主动性，还将影响到女职工队伍的稳定和企事业劳动关系的和谐，并最终会阻碍企事业健康发展。

因此，只有通过工会女职工组织和企事业的共同努力，大力推进女职工权益保护专项集体合同工作，才能使女职工的利益和企事业的利益相协调，才能构建起和谐稳定的劳动关系，在共建共享企事业发展成果中，增强企事业的凝聚力、竞争力，调动激发起广大女职工的积极性和创造性，以满足保持企事业高质量发展的需要。

(三) 是切实维护女职工合法权益和特殊利益的重要机制和手段

随着企事业劳动用工制度和收入分配制度的改革，工会女职工组织维权工作面临许多新情况、新问题。签订女职工权益保护专项集体合同，以专项合同的形式来规范、落实女职工的合法权益和特殊权益，将女职工工作上升到规范高度，纳入制度层面，充分体现了女职工工作要有所作为的要求，使工会女职工组织的维权更加主动、规范，进一步突出了源头维护。实践证明，开展好平等协商和签订女职工权益保护专项集体合同工作，是实现好、维护好、发展好女职工合法权益和特殊利益的重要机制与途径。

（四）是提升工会女职工组织维权能力、维权水平的突破口

近年来的实践证明，工会女职工组织做好平等协商和签订女职工权益保护专项集体合同工作，有利于创新工会女职工组织的维权方式、提升工会女职工组织的工作效能、提高工会女职工组织的影响力。通过签订女职工权益保护专项集体合同并认真监督履约，使工会女职工组织维权方式更加依法、科学，维权工作更加积极主动，维权之路更加畅通，效能和效果也不断提升。它还促进了女职工自我维权意识的觉醒和行政方面尊法、守法，自觉贯彻以人为本理念自觉性的提高。工会女职工组织在企事业中的号召力、在女职工中的凝聚力明显增强，女职工在企事业的特殊地位和作用更加彰显，主人翁意识不断提高，有效地调动了广大女职工参与企事业改革发展的积极性，促使企事业利益和女职工利益得到同步发展。

二、女职工权益保护专项集体合同的主要内容

（1）女职工的劳动权利：劳动就业、同工同酬、休息休假、职业培训、保险福利待遇等，其中包括反对就业中的性别歧视。

（2）女职工的特殊利益：女职工禁忌劳动保护、"四期"保护、妇科疾病普查、生育待遇等。

（3）女职工的政治、文化、教育、发展权利：职业教育、技术培训、晋职晋级、参与企事业民主管理等，包括为女职工参加学历教育和开展特色活动提供条件等。

（4）双方认为应当协商的其他内容。

三、女职工权益保护专项集体合同的形式

女职工权益保护专项集体合同签订的形式，可以单独签订女职工权益保护专项集体合同，也可以将女职工权益保护专项协议作为集体合同的附件。

四、推进女职工权益保护专项集体合同工作的程序

平等协商和签订女职工权益保护专项集体合同，应按照平等协商和签订集体合同的法定程序进行，并注意做好以下工作。

（一）准备工作

1. 协商代表、首席代表的产生。已建立集体合同制度的用人单位，女职工一方的协商代表、首席代表与集体合同协商代表、首席代表一致。未建立集体合同制度的用人单位，女职工一方的协商代表由本单位工会选派，首席代表由本单位工会主席担任，工会主席可以书面委托工会女职工委员会主任担任首席代表。工会主席、工会女职工委员会主任空缺的，首席代表由工会主要负责人担任。未建立工会组织的用人单位，女职工一方的协商代表由本单位女职工民主推荐，并经本单位半数以上女职工同意，首席代表从协商代表中民主推举产生。

用人单位一方的协商代表，由用人单位法定代表人指派，首席代表一般由单位法定代表人担任，特殊情况下可由其书面委托的其他管理人员担任。

2. 开展专项培训。根据女职工权益保护专项集体合同工作需要，对职工协商代表开展有针对性的培训。

3. 起草集体合同草案。职工协商代表会同本单位工会女职工干部在对企事业女职工权益保护状况进行调查和分析的基础上，起草《女职工权益保护专项集体合同（草案）》，并广泛征求用人单位和女职工意见，进一步修改和完善。

（二）协商签约

工会和工会女职工组织代表与企事业行政方代表就《女职工权益保护专项集体合同（草案）》开展平等协商。协商采用协商会议的形式，协商会议由双方首席代表轮流主持。经双方协商一致同意，将《女职工权益保护专项集体合同（草案）》提交职工代表大会或职工大会审议通过后，由

双方的首席代表签字。

（三）报送与审查

女职工权益保护专项集体合同签订后，要报送当地劳动保障行政部门进行审查。劳动保障行政部门自收到文本之日起 15 日内未提出异议的，女职工权益保护专项集体合同即行生效。

（四）履约及监督检查

生效的女职工权益保护专项集体合同，应当自其生效之日起由协商代表及时以适当的形式向本方全体人员公布，用人单位和全体女职工都要严格执行。集体合同监督检查小组应有工会女职工组织的代表参加，尚未建立工会或工会女职工组织的，要有女职工代表参加，共同对女职工权益保护专项集体合同履行情况定期进行检查和监督。对发现的问题，要督促用人单位采取措施进行整改，每年应至少 1 次将女职工权益保护专项集体合同履行情况向职工代表大会报告，接受职工的监督。

五、推进女职工权益保护专项集体合同工作的主要措施

（一）加强领导，整合力量，合力推进女职工权益保护专项集体合同工作

要将推进女职工权益保护专项集体合同工作融入工会工作全局，纳入女职工整体工作规划和部署。要结合集体合同工作的总体安排进行研究，并作为深化集体合同工作的重要措施提出要求，建立目标责任考核制度，采取相应的激励措施，积极稳妥地推进。贯彻落实《女职工劳动保护特别规定》，并将女职工权益保护专项集体合同的协商、签约、履约和监督检查工作，作为创建劳动关系和谐企业活动的重要内容。各级工会要积极争取党政部门的重视和支持，进一步整合工会内外资源，依托劳动关系三方协商机制，优化协商环境，形成协同推进的工作态势。

（二）从实际出发，加强对女职工权益保护专项集体合同的分类指导

要根据不同地区、不同行业及不同类型用人单位的实际，有针对性地

就女职工权益保护中的突出问题开展平等协商。在协商过程中力求重点突出，议题集中，措施可行。专项集体合同的条款要具体，标准要量化，切实增强工作的针对性、实效性和可操作性。

（三）加强宣传培训工作，营造推进女职工权益保护专项集体合同工作的良好氛围

要广泛宣传国家有关劳动法律法规和政策规定，宣传推进女职工权益保护专项集体合同工作的重要性和必要性，统一思想，达成共识。加强培训，使工会女职工工作干部熟悉相关法律法规和政策，掌握平等协商和签订女职工权益保护专项集体合同的基本知识、协商要领及技巧，确保工作规范有序、顺利开展和工作目标的实现。

（四）建立监督检查机制，将女职工权益保护专项集体合同工作落到实处

要积极借助社会力量，并充分发挥工会各职能部门作用，建立女职工权益保护专项集体合同工作监督检查机制。加强与用人单位的沟通和协调，督促其认真履行女职工权益保护专项集体合同。对于用人单位违反女职工权益保护专项集体合同条款的行为，工会应依法要求其整改。要将履约情况纳入用人单位向职代会报告的事项中，确保专项集体合同的有效实施。

（五）总结经验，推动女职工权益保护专项集体合同工作的深入开展

要建立健全工作机制，明确任务、落实责任，积极探索、勇于实践。要及时了解情况，总结推广典型经验，注意研究解决协商、签订和履行专项集体合同工作中的问题。要不断扩大女职工权益保护专项集体合同的覆盖面，推动工作的深化与完善，切实维护女职工的合法权益和特殊利益。

思考题

1. 维护女职工合法权益和特殊利益的重要意义是什么？

2. 女职工合法权益的概念和内涵是什么？

3. 女职工特殊利益的概念内涵是什么？

4. 如何做好女职工合法权益和特殊利益的维护工作？

5. 女职工权益保护专项集体合同的主要内容有哪些？

6. 推进女职工权益保护专项集体合同工作的主要措施有哪些？

【案例 1】

面对就业性别歧视，女性劳动者怎么办？

—— 《妇女权益保障法》教你如何进行职场维权

就业歧视现象在职场中可谓屡见不鲜，歧视种类也五花八门，但最为突出的还是性别歧视。作为一种与现代文明格格不入的社会痼疾，就业性别歧视既有违人人平等的基本人权，又踩踏了法律红线。自 2023 年 1 月 1 日起施行的新修订的《妇女权益保障法》（以下简称"新法"）通过进一步细化相关规则，明确具体措施，加大干预力度，从而吹响了全面遏制就业性别歧视的法治号角。

招录文件规定男性优先录用，构成就业性别歧视

魏女士是两个孩子的妈妈，在二孩哺乳期满后就重返职场了。她本想应聘营销人员岗位，可很多公司在招录营销人员时均明确规定男性优先，这令魏女士望而却步。那么，这些公司的做法是否构成就业性别歧视？

说法

新法在明确提出要"防止和纠正就业性别歧视"的同时，列举了就业性别歧视的具体情形。该法第 43 条规定："用人单位在招录（聘）过程中，除国家另有规定外，不得实施下列行为：（1）限定为男性或者规定男性优先；（2）除个人基本信息外，进一步询问或者调查女性求职者的婚育情况；（3）将妊娠测试作为入职体检项目；（4）将限制结婚、生育或者婚姻、生育状况作为录（聘）用条件；（5）其他以性别为由拒绝录（聘）用妇女或者差别化地提高对妇女录（聘）用标准的行为。"本案中，营销人员并不属于国家规定的不适合妇女的工种或岗位，很显然，这些公司的做法已经构成就业性别歧视。

遭遇就业性别歧视，可要求劳动监察部门查处

刘女士应聘某烹饪职业培训机构的文案岗位，自认为学历和实习经验符合企业的招聘要求，可仔细浏览招聘页面才发现"男性优先"，这不是明显在搞就业性别歧视吗？那么，劳动者面对就业性别歧视该如何来维权？

说法

新法将就业性别歧视纳入劳动保障监察范围，并规定了用人单位应承担的行政责任，从而通过行政手段来加大查处力度。该法第49条规定："人力资源和社会保障部门应当将招聘、录取、晋职、晋级、评聘专业技术职称和职务、培训、辞退等过程中的性别歧视行为纳入劳动保障监察范围。"第83条规定："用人单位违反本法第43条和第48条规定的，由人力资源和社会保障部门责令改正；拒不改正或者情节严重的，处1万元以上5万元以下罚款。"

女性劳动者遭遇就业性别歧视时，既可以向妇联、工会求助，也可以向司法机关举报或者起诉，但最主要的维权途径还是劳动保障监察方式。本案中，面对某烹饪职业培训机构的就业歧视行为，刘女士应当向劳动保障监察部门进行投诉，由劳动保障监察部门进行依法查处。

维权遇难题，检察机关为你"撑腰"

某街道公开招考村级后备干部，其发布的招考公告中显示：招考人数共30人，涉及街道下辖的20个村社，除其中一个村不限男女外，12个村限定只招考男性，男女岗位人数比例为22∶7。在确定入围人员时又暗箱操作，尚未生育的女性被挡在门外。一些被拒之门外的女性想通过诉讼途径维权，但考虑到个人力量弱小，维权成本又高，只好作罢。那么，面对这样的维权难题该怎么办？

说法

虽然《就业促进法》已经规定，对实施就业歧视的行为，劳动者可以向法院提起诉讼，但确实存在个人很难通过私益诉讼维权成功的实际问

题。为了更有效保护女性就业平等权，新法将就业性别歧视纳入公益诉讼范围。该法第77条规定："侵害妇女合法权益，导致社会公共利益受损的，检察机关可以发出检察建议；有下列情形之一的，检察机关可以依法提起公益诉讼：（1）确认农村妇女集体经济组织成员身份时侵害妇女权益或者侵害妇女享有的农村土地承包和集体收益、土地征收征用补偿分配权益和宅基地使用权益；（2）侵害妇女平等就业权益；（3）相关单位未采取合理措施预防和制止性骚扰；（4）通过大众传播媒介或者其他方式贬低损害妇女人格；（5）其他严重侵害妇女权益的情形。"由检察机关提起反就业性别歧视公益诉讼，比个人诉讼提起更具优势，更有胜算把握。

　　本案中，村级后备干部不属于不适合妇女的工种，该街道的一系列做法侵犯了妇女平等就业合法权益，导致社会公共利益受损，社会公正被践踏。对此，遭遇歧视的女性可以向妇联等部门反映，并由妇联等部门向检察机关移送线索，也可以直接向检察机关反映。检察机关经调查属实后，应当向该街道发出进行纠正和整改的检察建议，如果街道拒不执行检察建议，检察机关应当向法院提起公益诉讼。

　　　　　　　　　　　　（潘家永　作者系安徽警官职业学院教授）

【案例2】

不得以怀孕为由解雇女职工

　　蔡女士于2014年3月10日入职一家环保公司担任人事行政总监，双方签订了为期五年的劳动合同，试用期至2014年6月10日。就在试用期结束的当天，公司向蔡女士送达了《解除劳动合同通知书》，以蔡女士多次迟到、上班不打卡、连续多天请假为由主张其不胜任岗位要求。蔡女士则认为其根本就没有解除通知中载明的相应行为，是公司发现其怀孕而将其辞退，故诉至法院，要求继续履行劳动合同。

　　法院经审理认为，蔡女士提供的录音证据可以证明公司法定代表人及相关人员先后与蔡女士协商解除劳动合同事宜，解除理由为蔡女士在试用期怀孕，但双方最终未达成一致意见，而公司作出的解除劳动合同通知中所载明的理由缺乏事实依据和制度依据，故属于违法解除，劳动者要求继续履行劳动合同的，公司应当继续履行。

以案释法

《劳动合同法》第42条针对"三期"女职工建立了特殊的职业保障机制，用人单位在女职工"三期"期间解除劳动合同的行为违反法律强制性规定，属于违法解除。但值得一提的是，这并不意味着女职工"三期"期间用人单位不能解除劳动合同，女职工严重违反劳动纪律的，用人单位仍可单方面解除劳动关系。

【案例3】

男职工在工作场所性骚扰女职工，用人单位是否可根据规章制度解除劳动合同

基本案情

林某于2011年入职某生物公司，先后担任电工兼机修、机电主管、车间厂长、资产管理部经理等岗位。2019年10月22日，林某在与公司女员工交谈的过程中，拍打女员工的臀部数下，该女员工立即向公司反映情况。公司通过调取监控录像、获得三名女职工签名证言等方式，发现林某在职期间多次有对女职工"动手动脚"等不良行为。因此，公司认为林某的行为符合《员工手册》"对女职工进行性骚扰属严重违反公司规章制度，应予以开除"的规定，经通报工会研究后，于2019年11月11日解除与林某的劳动关系。林某认为，他就是"开玩笑"，没有性骚扰的目的，公司解除劳动关系违法。

申请人请求

请求裁决某生物公司向其支付违法解除劳动合同赔偿金。

处理结果

仲裁委员会裁决：驳回林某仲裁请求。

案例分析

本案争议焦点：男员工有性骚扰行为，用人单位可否根据规章制度解

除劳动合同？

本案中，林某在工作场所拍打女员工臀部数下，并用手触碰女员工敏感部位，林某对女职工"动手动脚"的行为受到了女职工的抵制，林某的行为显然已经超出了"开玩笑"的范畴，在主观上有性骚扰的故意，客观上也实施了性骚扰的行为，认定林某对女员工进行性骚扰并无不当。同时，公司的《员工手册》明确规定，性骚扰行为属于严重违反规章制度，可以解除劳动关系，该规章制度与《妇女权益保障法》《女职工劳动保护特别规定》等法律法规的精神相符，故林某的行为符合《劳动合同法》第39条中可以解除劳动关系的情形，用人单位依法解除与林某的劳动关系符合法律规定，林某的仲裁请求应予驳回。

典型意义

近年来，女员工在工作场所遭受性骚扰的现象频发，严重损害了女职工的人格尊严和劳动权益，但大多数女员工又因为取证难、界定难、害怕丢工作、害怕受歧视等原因敢怒不敢言。因此，不论从保护女职工的合法人身权益的角度还是从保护合法用工秩序的角度，都应当对工作场所性骚扰行为说不喊停，对实施性骚扰的违法行为进行制裁，为女职工提供安全、公平、友好的工作环境。实践中，一方面，企业应制定明确的规章制度，阐述性骚扰行为的严重后果，采取在必要场所安装监控、开展职工遵守道德和职业准则培训等措施加强对性骚扰行为的约束；另一方面，一旦发现性骚扰行为，应及时通过电话录音、视频、文字记录等方法积极保存证据、保护受侵害员工名誉，对实施性骚扰的违法行为作出严肃处理，切实维护女职工合法权益。

【案例4】

工会帮助维权，被辞退怀孕女职工返回工作岗位

基本案情

王女士于2018年9月入职某公司，劳动合同约定其工作岗位是幼儿教员，每月工资为5500元。2020年2月，王女士发现自己怀孕。同年10

月，公司通知其解除双方的劳动合同。王女士找到公司总经理反复协商无果。为此，王女士向劳动人事争议仲裁委员会提出申请。工会指派律师为王女士提供法律援助。

处理结果

经协商双方达成一致意见，继续履行原签订的劳动合同。

案件评析

《女职工劳动保护特别规定》第 5 条规定，用人单位不得因女职工怀孕、生育、哺乳降低其工资、予以辞退、与其解除劳动或者聘用合同。《劳动合同法》第 42 条第 4 款规定，劳动者有下列情形之一的，用人单位不得依照本法第 40 条、第 41 条的规定解除劳动合同：女职工在孕期、产期、哺乳期的。因此，用人单位违反相关规定在女职工孕期解除劳动合同的行为是违反法律规定的。实践中，当女职工在孕期被解除劳动合同并发生纠纷时该如何处理呢？一般做法有以下几种。如果被违法辞退的孕期女职工不同意用人单位解除劳动合同，可以要求继续履行合同。对于用人单位作出解除劳动合同决定后至仲裁或诉讼期间的工资损失，可以主张用人单位给予赔偿。如果被违法辞退的孕期女职工不要求继续履行合同，或者劳动合同已经不能继续履行，女职工可依据《劳动合同法》第 87 条要求支付赔偿金。

第五章

《女职工劳动保护特别规定》概述

《女职工劳动保护特别规定》是保护女职工在生产劳动过程中的安全和健康的重要法律依据。工会女职工干部应当学习了解《女职工劳动保护特别规定》的重要意义、特点、主要内容，推动这一法规的贯彻实施。

第一节 《女职工劳动保护特别规定》简介

正确认识《女职工劳动保护特别规定》（以下简称《特别规定》）的重要意义，对于落实好女职工劳动保护工作至关重要。

一、概念

《特别规定》是为维护女职工的合法权益和特殊利益，减少和解决女职工在劳动和工作中因生理特点造成的特殊困难，保护其健康而制定的法规。主要是为了防止生产过程中劳动条件对女职工身体健康造成的影响，防止职业有害因素对女性生理机能的影响，保护女职工能够健康持久地从事生产劳动，育龄女职工能够孕育健康的下一代。

《特别规定》的内容主要包括两个方面：一是保护女职工的劳动权利，二是保护女职工在生产中的安全与健康。国际劳工组织的有关资料显示，从广义上讲，女职工劳动保护包括 4 个方面的内容：一是保护母性，即保护女性机能（如月经、妊娠、分娩、哺乳等）；二是规定女职工的工作时间，孕妇、乳母禁止加班加点及不坐夜班；三是禁止女职工从事危险有害作业；四是男女有同等就业机会，同工同酬。

二、颁布实施《特别规定》的重要性和必要性

1988 年，国务院颁布的《女职工劳动保护规定》是我国第一部综合性的女职工劳动保护专门法规，对于减少和解决女职工在劳动中因生理特点造成的特殊困难、保障女职工的身心健康发挥了重要作用。但随着社会环境发生巨大变化，《女职工劳动保护规定》已不能适应新环境。

（1）劳动关系领域发生重大变化。随着经济体制改革的不断深化和所

有制结构的调整，我国劳动关系发生了深刻变化：以公有制为主体、多种所有制经济共同发展格局的形成和公有制企业的改革，使劳动关系多样化、复杂化；劳动用工制度的改革和劳动力市场的形成，使劳动关系市场化、契约化。

（2）女职工劳动保护需求发生变化。中国女职工队伍不断壮大，根据统计，2021 年，全国女性就业人员 3.2 亿人，占全部就业人员的比重为 43.1%。城镇非私营单位就业人员中女性为 6852 万人，占比为 40.3%，女职工劳动保护的对象、利益诉求呈现出多层次、多样化，经济的快速发展和社会文明程度的提高，要求对女职工劳动保护更明确、更具体，标准更科学。

（3）由于《女职工劳动保护规定》制定时间久远，其适用范围、保护标准、生育待遇、禁忌劳动范围的相关内容已不能满足新形势下女职工劳动保护的需求，不能适应形势发展的需要，部分条款与国家相继颁布的有关法律法规无法接轨，在一定程度上影响了其作用的发挥。

（4）社会各界要求修改呼声强烈。自 1998 年以来，人大、政协每年都收到希望国家修改完善《女职工劳动保护规定》的方案和提案，且方案和提案数逐年增加。许多专家、学者、职工群众、社会团体、妇联和工会组织也通过多种渠道和途径进行呼吁，形成了较强的态势。

三、颁布实施《特别规定》的重要意义

（1）体现了党和国家关心爱护女职工的一贯政策。1925 年第二次全国劳动大会通过的《经济斗争决议案》就对女工的劳动保护做出明确规定。新中国成立后，我们党又制定和发布了一系列保护妇女的政策和法令，都对女职工的产假、休息、福利待遇、卫生设施和特殊保护等做出了明确的规定，形成了比较完善的女职工劳动保护法律体系。《特别规定》的颁布实施，进一步完善了新时期针对女职工劳动保护的法律措施，充分体现了党和国家对女职工权益保障工作的高度重视和与时俱进，体现了坚持民生为重、以人为本的理念。

（2）体现了对女职工和下一代健康的高度重视。女职工在肩负着参与国家社会经济建设重任的同时，还承担着繁衍下一代的社会责任。怀孕期间和哺乳期内女职工的活动环境和劳动条件直接影响胎儿的正常发育和婴幼儿的健康成长。女职工怀孕后身体会发生一系列生理变化，如体重增加、新陈代谢加快、心脏负担加大等，倘若身体过度劳累、精神高度紧张或从事有毒有害作业，则可能造成流产、早产，甚至胎儿畸形、死胎等严重后果。哺乳期母亲的健康对婴儿的发育和健康也至关重要。如果哺乳期女职工从事有毒有害工种，就会造成乳汁含毒并通过授乳进入婴儿体内，影响婴儿的健康成长。因此，加强对女职工的特殊保护，对于保护女职工及其下一代的健康、保证中华民族的整体素质的提高具有重大的现实意义。

（3）有利于保护和调动女职工的积极性。女职工是工人阶级重要组成部分，是推动我国经济社会发展不可或缺的重要力量。做好女职工劳动保护工作有利于保护女职工的劳动能力，调动其积极性、主动性，从而提高劳动生产率。随着我国经济建设的发展，女职工队伍日益壮大，已成为社会主义现代化建设的中坚力量。做好女职工的劳动保护工作，就能够使广大女职工在生产过程中心理、生理机能不受到伤害，保证有健康的身体投入生产工作。从一定意义上讲保护女职工就是保护生产力。《特别规定》的颁布实施，有利于保护女职工的平等就业、职业安全和生命健康，对于进一步激发女职工参与经济建设的积极性、主动性和创造性，提高劳动生产率，具有积极的促进作用。

（4）有利于构建和谐劳动关系。劳动关系的和谐是社会和谐稳定发展的基础。女职工总数已占到职工总数近50%，女职工劳动关系的稳定影响着整体劳动关系的和谐稳定。贯彻落实《特别规定》，促使企事业改善女职工劳动安全卫生条件，既可增强职工对企事业的认同感和归属感，又解除了女职工的后顾之忧，有利于促进劳动关系的和谐与稳定。

第二节　《特别规定》的主要内容

《特别规定》共有 16 条及附录，主要内容包括两个方面：一、规定了女职工在经期、孕期、产期、哺乳期应享有的劳动保护及禁忌从事的劳动范围；二、规定了对用人单位遵守本规定的监督机制及违反本规定的法律责任。

一、女职工禁忌从事的劳动范围

《特别规定》第 4 条规定："用人单位应当遵守女职工禁忌从事的劳动范围的规定。用人单位应当将本单位属于女职工禁忌从事的劳动范围的岗位书面告知女职工。"

根据《女职工禁忌从事的劳动范围》规定，女职工禁忌从事的劳动范围包括：

（1）矿山井下作业；

（2）体力劳动强度分级标准中规定的第 4 级体力劳动强度的作业；

（3）每小时负重 6 次以上、每次负重超过 20 公斤的作业，或者间断负重、每次负重超过 25 公斤的作业。

二、女职工在经期、孕期、产期、哺乳期应享有的劳动保护

女性生理机能对环境因素的敏感性，构成了男女两性在从事生产过程中的差别，在安排女职工工作时要充分考虑这一点，不能安排女职工从事超过国家规定的有毒有害和禁忌从事的劳动。

（一）经期保护

月经是健康妇女正常的生理现象。月经来潮时，会使女性正常的生理

防御能力相对减弱，作业能力有所下降，若不注意保护会引起妇科疾病。因此，做好经期保护很重要。

《特别规定》明确了经期保护禁忌从事的劳动范围：

1. 冷水作业分级标准中规定的第 2 级、第 3 级、第 4 级冷水作业；

2. 低温作业分级标准中规定的第 2 级、第 3 级、第 4 级低温作业；

3. 体力劳动强度分级标准中规定的第 3 级、第 4 级体力劳动强度的作业；

4. 高处作业分级标准中规定的第 3 级、第 4 级高处作业。

根据《女职工保健工作规定》，女职工在经期的保健措施还有以下几条。（1）宣传普及月经期卫生知识。（2）女职工在 100 人以上的单位，应逐步建立女职工卫生室，健全相应的制度并设专人管理，对卫生室管理人员应进行专业培训。女职工每班在 100 人以下的单位，应设置简易的温水箱及冲洗器。对流动、分散工作的单位的女职工发放单人自用冲洗器。（3）女职工在月经期间不得从事《女职工禁忌劳动范围的规定》中第四条所规定的作业。（4）患有重度痛经及月经过多的女职工，经医疗或妇幼保健机构确诊后，月经期间可适当给予 1 至 2 天的休假。

（二）孕期保护

孕期主要指妇女从受孕到产出胎儿的一段时间，通常为 280 天。女职工怀孕后，体内各系统负担过重，作业能力受到一定影响，因此，应对她们的工作进行合理安排，以保证孕妇健康及胎儿的正常发育。

《特别规定》规定了孕期保护的主要内容如下。

1. 女职工在怀孕期间，所在单位不得降低其工资、予以辞退、与其解除劳动或者聘用合同。

2. 女职工在怀孕期间不能适应原劳动的，用人单位应当根据医疗机构的证明，予以减轻劳动量或者安排其他能够适应的劳动。

3. 对怀孕 7 个月以上的女职工，用人单位不得延长劳动时间或者安排夜班劳动，并应当在劳动时间内安排一定的休息时间。

4. 怀孕女职工在劳动时间内进行产前检查，所需时间计入劳动时间。

5. 女职工比较多的用人单位应当根据女职工的需要，建立孕妇休息室。

6. 怀孕期间女职工禁忌从事的劳动：

（1）作业场所空气中铅及其化合物、汞及其化合物、苯、镉、铍、砷、氰化物、氮氧化物、一氧化碳、二硫化碳、氯、己内酰胺、氯丁二烯、氯乙烯、环氧乙烷、苯胺、甲醛等有毒物质浓度超过国家职业卫生标准的作业；

（2）从事抗癌药物、己烯雌酚生产，接触麻醉剂气体等的作业；

（3）非密封源放射性物质的操作，核事故与放射事故的应急处置；

（4）高处作业分级标准中规定的高处作业；

（5）冷水作业分级标准中规定的冷水作业；

（6）低温作业分级标准中规定的低温作业；

（7）高温作业分级标准中规定的第3级、第4级的作业；

（8）噪声作业分级标准中规定的第3级、第4级的作业；

（9）体力劳动强度分级标准中规定的第3级、第4级体力劳动强度的作业；

（10）在密闭空间、高压室作业或者潜水作业，伴有强烈振动的作业，或者需要频繁弯腰、攀高、下蹲的作业。

根据《女职工保健工作规定》，女职工孕期的保健措施还有以下几条。（1）自确立妊娠之日起，应建立孕产妇保健卡（册），进行血压、体重、血、尿常规等基础检查。对接触铅、汞的孕妇，应进行尿中铅、汞含量的测定。（2）定期进行产前检查、孕期保健和营养指导。（3）推广孕妇家庭自我监护，系统观察胎动、胎心、宫底高度及体重等。（4）实行高危孕妇专案管理，无诊疗条件的单位应及时转院就诊，并配合上级医疗和保健机构严密观察和监护。（5）女职工较多的单位应建立孕妇休息室。妊娠满7个月后，应给予工间休息或适当减轻工作。（6）女职工妊娠期间不得从事劳动部颁布的《女职工禁忌劳动范围的规定》第6条所规定的作业。（7）从事立位作业的女职工，妊娠满7个月后，其工作场所应设立工间休息座位。

（三）产期保护

产期保护是指女职工在生育期间的保护。女职工在产期之内，享受一定时期的生育假和生育待遇。生育期的保护，既包括正产，也包括小产（流产）。生育分娩是妇女正常的生理过程，但它给产妇精神上和肉体上带来了紧张、劳累和疼痛。妇女怀孕后生理机能所产生的变化需要在产后逐渐恢复到怀孕前的状态，分娩时的体能消耗也需要休息和补充营养。因此，生育期的保护对女职工来说不仅必要，而且重要。

《特别规定》规定了产期保护主要内容。

1. 女职工产期，用人单位不得降低其工资、予以辞退、与其解除劳动或者聘用合同。

2. 女职工生育享受 98 天产假，其中产前可以休假 15 天；难产的，增加产假 15 天；生育多胞胎的，每多生育 1 个婴儿，增加产假 15 天。

3. 女职工产假期间的生育津贴，对已经参加生育保险的，按照用人单位上年度职工月平均工资的标准由生育保险基金支付；对未参加生育保险的，按照女职工产假前工资的标准由用人单位支付。

4. 女职工生育或者流产的医疗费用，按照生育保险规定的项目和标准，对已经参加生育保险的，由生育保险基金支付；对未参加生育保险的，由用人单位支付。

5. 女职工怀孕未满 4 个月流产的，享受 15 天产假；怀孕满 4 个月流产的，享受 42 天产假。

根据《女职工保健工作规定》，产后保健措施主要有：①进行产后访视及母乳喂养指导；②产后 42 天对母子进行健康检查；③产假期满恢复工作时，应允许有 1 至 2 周时间逐渐恢复原工作量。

（四）哺乳期保护

哺乳期是指胎儿分娩出后至婴儿满 1 周岁。进行哺乳期保护的目的，是保证哺乳女工有丰富的、质量较好的乳汁，按时哺育婴儿，使婴儿健康成长。

《特别规定》规定了哺乳期保护的主要内容如下。

1. 对哺乳未满 1 周岁婴儿的女职工，用人单位不得延长劳动时间或者安排夜班劳动。

2. 用人单位应当在每天的劳动时间内为哺乳期女职工安排 1 小时哺乳时间；女职工生育多胞胎的，每多哺乳 1 个婴儿每天增加 1 小时哺乳时间。

3. 哺乳期间女职工禁忌从事的劳动范围：

（1）作业场所空气中铅及其化合物、汞及其化合物、苯、镉、铍、砷、氰化物、氮氧化物、一氧化碳、二硫化碳、氯、己内酰胺、氯丁二烯、氯乙烯、环氧乙烷、苯胺、甲醛等有毒物质浓度超过国家职业卫生标准的作业；

（2）非密封源放射性物质的操作，核事故与放射事故的应急处置；

（3）体力劳动强度分级标准中规定的第三级、第四级体力劳动强度的作业；

（4）作业场所空气中锰、氟、溴、甲醇、有机磷化合物、有机氯化合物等有毒物质浓度超过国家职业卫生标准的作业。

4. 女职工比较多的用人单位应当根据女职工的需要，建立哺乳室等设施，妥善解决哺乳方面的困难。

根据《女职工保健工作规定》，哺乳期的保健措施还有以下几条：①宣传科学育儿知识，提倡 4 个月内纯母乳喂养；②对有未满 1 周岁婴儿的女工，应保证其授乳时间；③婴儿满周岁时，经县（区）以上（含县、区）医疗或保健机构确诊为体弱儿，可适当延长授乳时间，但不得超过 6 个月。

三、对用人单位遵守本规定的监督机制及违反本规定的法律责任

（一）监督机制

为保证《特别规定》实施，对监督机制进行了调整。明确了部门职责分工。因机构改革等原因，女职工劳动保护监督管理体制发生过多次变化。《特别规定》根据当时的劳动安全卫生管理体制将女职工劳动保护监督管理体制由以前的原劳动行政部门一家调整为县级以上人民政府人力资

源社会保障行政部门、安全生产监督管理部门按照各自职责负责对用人单位遵守本规定的情况进行监督检查。2021 年 6 月修订的《安全生产法》规定应急管理部门为安全生产综合监督管理部门；《职业病防治法》规定，国务院卫生行政部门、劳动保障行政部门依照本法和国务院确定的职责，负责全国职业病防治的监督管理工作。并规定工会、妇女组织依法对用人单位遵守本规定的情况进行监督。

（二）法律责任

依据《职业病防治法》《劳动保障监察条例》的有关处罚规定，《特别规定》对用人单位违反女职工劳动保护的法律责任予以明确。违反《特别规定》第 6 条第 2 款，"对怀孕 7 个月以上的女职工，用人单位不得延长劳动时间或者安排夜班劳动，并应当在劳动时间内安排一定的休息时间"；第 7 条，"女职工生育享受 98 天产假，其中产前可以休假 15 天；难产的，增加产假 15 天；生育多胞胎的，每多生育 1 个婴儿，增加产假 15 天。女职工怀孕未满 4 个月流产的，享受 15 天产假；怀孕满 4 个月流产的，享受 42 天产假"；第 9 条第 1 款，"对哺乳未满 1 周岁婴儿的女职工，用人单位不得延长劳动时间或者安排夜班劳动"。用人单位违反上述规定的，由县级以上人民政府人力资源社会保障行政部门责令限期改正，按照受侵害女职工每人 1000 元以上 5000 元以下的标准处以罚款。违反附录第 1 条，即女职工禁忌从事的劳动范围；附录第 2 条，即女职工在经期禁忌从事的劳动范围，由县级以上人民政府安全生产监督管理部门责令限期改正，按照受侵害女职工每人 1000 元以上 5000 元以下的标准处以罚款。违反《特别规定》附录第 3 条，"女职工在孕期禁忌从事的劳动范围"；附录第 4 条，"女职工在哺乳期禁忌从事的劳动范围"，由县级以上人民政府安全生产监督管理部门责令限期治理，处 5 万元以上 30 万元以下的罚款，情节严重的，停止有关作业，或者提请有关人民政府按照国务院规定的权限责令关闭。

此外，用人单位违反本规定，侵害女职工合法权益的，女职工可以依法投诉、举报、申诉，依法向劳动人事争议调解仲裁机构申请调解仲裁，对仲裁裁决不服的，依法向人民法院提起诉讼；造成女职工损害的，依法给予赔偿；用人单位及其直接负责的主管人员和其他直接责任人员构成犯罪的，依法追究刑事责任。

第三节 工会贯彻落实《特别规定》的基本任务

做好女职工劳动保护工作，是工会工作的一个重要组成部分。在新时代，工会要进一步认清女职工劳动保护的新情况、新问题，明确女职工劳动保护工作的基本任务，从而使这项工作更上一层楼，更好地保护女职工在劳动保护方面的合法权益。

新时代，为切实贯彻落实《特别规定》，工会的基本任务主要有以下几个方面。

一、广泛宣传《特别规定》

工会组织特别是女职工委员会，要在认真学习的基础上，通过各种途径进一步广泛宣传《特别规定》，并组织女职工进行学习培训。一方面可以使女职工了解国家为保护女职工合法权益做了哪些具体规定，提高女职工法律意识和自我保护意识；另一方面以引起有关部门和企事业单位的重视，把女职工劳动保护工作提到重要日程上来。

工会组织要把宣传贯彻《特别规定》行动与当前工会的重点工作结合起来，与"关爱女职工行动"结合起来，与女职工普法宣传、培训活动结合起来，进一步做好女职工权益保障的各项工作。

二、检查督促《特别规定》的贯彻落实

法律的实施在于监督。工会女职工组织要加强对《特别规定》实施情

况的监督检查。要按照《工会劳动法律监督办法》的规定，协助有关部门结合本地区、本单位的实际制定出实施方案或细则，具体贯彻执行。要会同有关部门经常深入基层，深入生产第一线，检查《特别规定》的贯彻执行情况，总结交流经验，帮助解决困难和问题，使女职工的特殊利益得到切实保护。

三、深入调查研究，履行监督检查职责

加大执法监督检查的力度，是确保《特别规定》落到实处的重要手段。工会组织和女职工委员会要认真履行监督职能，健全和完善工会女职工劳动保护监督网络和监督检查机制，加强与地方人大和劳动、卫生、安监等政府部门的合作，加大对用人单位的监督检查力度，突出中小非公企业和维护女性异地务工人员权益的督查重点。工会组织和女职工委员会要深入基层，定期对企业贯彻执行《特别规定》的情况进行监督检查，深入研究贯彻执行中出现的新情况、新问题，经过反复论证，拿出切实可行的解决意见或建议。这样，既能帮助企业领导了解情况，又能推动女职工劳动保护工作的发展。

四、将女职工特殊劳动保护纳入集体协商范围

加强女职工维权机制建设，着力推进集体合同制度，注重将女职工特殊劳动保护内容纳入集体合同协商范围，纳入女职工权益保护专项集体合同，促进用人单位改善劳动条件，落实女职工劳动保护，促进实现体面劳动。

思考题

1. 颁布实施《女职工劳动保护特别规定》的重要意义是什么？

2. 《女职工劳动保护特别规定》有哪些特点？

3. 女职工禁忌从事的劳动范围是什么？

4. 女职工经期的保护措施有哪些？

5. 女职工孕期的保护措施有哪些？

6. 女职工产期的保护措施有哪些？

7. 女职工哺乳期的保护措施有哪些？

8. 简述工会贯彻实施《女职工劳动保护特别规定》的基本任务。

【案例1】

女职工哺乳期间工资被降，工会调解帮其追回损失

基本案情

张女士任职某科技公司，担任质检岗位，月工资 6000 元。2020 年 9 月，张女士开始休产假。2021 年 2 月，张女士产假期满，返回公司上班。公司人事负责人告知张女士：在她休产假期间，单位又招了一名质检员。另外，每个工作日公司还要给张女士一个小时的哺乳时间，张女士可以选择晚上班一个小时或早下班一个小时。因此，张女士的工资由每月 6000 元降到每月 4500 元。张女士当场明确表示不同意降低工资。当收到下个月发放的 4500 元工资且与公司交涉未果后，张女士向劳动人事争议仲裁委员会申请仲裁。后经工会调解员进行调解，终结本案。

处理结果

经工会调解员调解，公司同意向张女士补发被扣发的工资。

案件评析

《女职工劳动保护特别规定》第 5 条规定："用人单位不得因女职工怀孕、生育、哺乳降低其工资、予以辞退、与其解除劳动或者聘用合同。"第 9 条规定："对哺乳未满 1 周岁婴儿的女职工，用人单位不得延长劳动时间或者安排夜班劳动。用人单位应当在每天的劳动时间内为哺乳期女职工安排 1 小时哺乳时间；女职工生育多胞胎的，每多哺乳 1 个婴儿每天增加 1 小时哺乳时间。"

以上规定表明，用人单位不能以女职工休产假期间另行雇佣人员、需安排哺乳时间等理由降低其工资，否则，构成违法。女职工可以选择申请

调解、提起仲裁或向劳动监察部门投诉等途径维护自己的合法权益。

【案例2】

休了产假，就不能再休年假?

2017 年 1 月，金女士入职上海一家贸易公司，签订 3 年期劳动合同。2019 年 1 月，金女士生了孩子，休了产假、哺乳假，但当年的带薪年休假没有休。"你已经享受了产假及哺乳假，不符合享受带薪年休假的条件了。"公司给出这样的理由，不同意支付金女士 2019 年未休年假的工资，双方因此发生劳动争议。

解析：休产假不影响休年假

《企业职工带薪年休假实施办法》规定："职工依法享受的探亲假、婚丧假、产假等国家规定的假期以及因工伤停工留薪期间不计入年休假假期。""用人单位经职工同意不安排年休假或者安排职工年休假天数少于应休年休假天数的，应当在本年度内对职工应休未休年休假天数，按照其日工资收入的 300% 支付未休年休假工资报酬，其中包含用人单位支付职工正常工作期间的工资收入。"

这意味着，女职工休产假和休年休假并不冲突，是并行的权利。如果没有安排职工休年假，企业就应该按法定标准，支付应休未休年休假期间的补偿。

【案例3】

哺乳期女职工拒绝调动丢了工作

2016 年，陈女士进入上海某餐饮管理有限公司工作，双方签订了劳动合同，工作地点为餐饮公司所属的各门店。工作以来，陈女士一直在上海某门店上班。2017 年 12 月，陈女士收到通知，要求其次月调动至广东某店工作。陈女士以"正处于哺乳期"为由拒绝调动，继续在原门店上班。餐饮公司以陈女士"不服从公司合法的工作调动"为由解除其劳动合同。

本案经过劳动仲裁和法院的审理，判决餐饮公司解除陈女士劳动合同违法。

解析： 公司应对调动合理性承担举证责任

用人单位根据生产经营需要可以对劳动者的工作地点单方面进行调整，这是用人单位用工自主权的体现，但是权利不能滥用，用人单位应当对调整工作地点的合理性和必要性承担举证责任。

本案中，陈女士尚在哺乳期内，受到法律特殊保护。公司将她调动至广东工作，显然缺乏合理性。公司以合同约定的工作地点包含了广东门店，不属于调整工作地点的说法难以成立。

在劳动合同解除上，公司认为陈女士不服从工作调动，属于旷工，系严重违反公司规章制度的行为。事实上，陈女士在收到公司通知后，就明确告知调动工作地点会影响对婴儿的正常哺乳，希望能在上海继续工作，该说法具有合理性。且陈女士不同意公司调动后仍前往原工作地点上班，餐饮公司据此认为其旷工的说法难以采信，故法院判公司解除劳动合同违法。

第六章

女职工生育保险

生育保险是我国社会保险的重要项目之一，关系到女职工的合法权益，是对妇女生育价值的认可，是生育期女职工基本生活的保障，是提高人口素质的重要措施。

第一节　生育保险制度概述

一、生育保险的概念和性质

（一）生育保险的概念

生育保险是通过国家立法，在职业妇女因生育子女而暂时中断劳动时由国家和社会及时给予生活保障和物质帮助的一项社会保险制度。其宗旨在于通过提供生育津贴、医疗服务和产假，维持、恢复和增进生育妇女身体健康，并使婴儿得到精心照顾和哺育。

生育保险提供的生活保障和物质帮助，通常由现金补助和实物供给两部分组成。现金补助主要是指及时给予生育妇女的生育津贴，有些国家还包括一次性现金补助或家庭津贴。实物供给主要是指提供必要的医疗保健、医疗服务以及孕妇、婴儿需要的生活用品等，提供的范围、条件和标准主要根据本国的经济状况确定。

（二）生育保险的性质

生育保险是社会保险项目之一，属于社会保障范畴。生育保险制度有狭义和广义之分。

1. 广义的生育保险制度：包括生育保险、计划生育中的生育保障内容、女职工劳动保护制度和妇女就业保护制度中关于孕、产妇的劳动保护方面的内容。

2. 狭义的生育保障制度：仅指生育保险制度。是国家和企业为怀孕和分娩的妇女提供医疗服务、生育津贴和产假，以保证那些因生育而造成收入中断的妇女和孩子的基本生活的一种社会保险制度。

生育保险制度是在生育事件发生期间对生育责任承担者给予收入补

偿、医疗服务和生育休假的社会保障制度。其具体内容一般包括：（1）生育津贴，即在法定的生育休假期间对生育者的工资收入损失给予经济补偿；（2）医疗护理，即承担与生育有关的医护费用（包括"产前检查费"）；（3）生育补助，如对生育保险对象及其家属的生育费用给予经济补助，又如"婴儿津贴"和"保姆津贴"等；（4）生育休假，包括母育假（产假）、父育假（母亲产假期间的父亲育儿假）和育儿假（母亲产假后父母双亲任何一方的育儿休假）。中国生育保险制度包括了全部 4 项内容。各国生育保险制度的具体内容会因国情与政策的不同而有所不同，比如"父育假""陪护假""保姆津贴"等政策主要在欧盟一些国家实行。

二、生育保险的主要特点

（1）生育保险有特定的对象。享受生育保险的对象主要是女职工，因而待遇享受人群相对比较。随着社会进步和经济发展，有些地区允许在女职工生育后，给予配偶一定假期以照顾妻子，并发给假期工资；还有些地区为男职工的配偶提供经济补助。

（2）待遇享受条件各国不一致。有些国家要求享受者有参保记录、工作年限、本国公民身份等方面的要求。我国生育保险要求享受对象必须是合法婚姻者，即必须符合法定结婚年龄、按《民法典》规定办理了合法手续，并符合国家计划生育政策等。

（3）无论女职工将来的妊娠后果如何，均可以按照规定得到补偿。也就是说无论胎儿存活与否，产妇均享受有关待遇，并包括流产、引产以及胎儿和产妇发生意外等情况。

（4）生育期间的医疗服务主要以保健、咨询、检查为主，与医疗保险提供的医疗服务以治疗为主有所不同。生育期间的医疗服务侧重于指导孕妇处理好工作与休养、保健与锻炼的关系，使她们能够顺利度过生育期。分娩属于自然现象，正常情况下不需要特殊治疗。

（5）产假有固定要求。产假要根据生育期安排，分产前和产后。产前假期不能提前或推迟使用。产假也必须在生育期间享受，不能积攒到其他时间享用。各国规定的产假期限不同。我国规定的正常产假为 98 天，其中产前假期为 15 天，产后假期为 83 天。

生育保险待遇有一定的福利色彩。生育期间的经济补偿高于养老、医疗等保险。生育保险提供的生育津贴，一般为生育女职工的原工资水平。另外，在我国职工个人不缴纳生育保险费，而是由参保单位按照其工资总额的一定比例缴纳。

三、生育保险的作用

生育保险是为了维护女职工的基本权益，减少和解决女职工在孕产期以及流产期间因生理特点造成的特殊困难，使她们在生育期间得到必要的经济收入和医疗照顾，帮助她们恢复健康，回到工作岗位。其主要作用如下。

一是实行生育保险是对妇女生育价值的认可。妇女生育是社会发展的需要，她们为人类繁衍、世代延续，为社会劳动力再生产付出了艰辛，理应得到社会的补偿。对妇女生育权益的保护，已被大多数国家所接受并给予政策上的支持。目前世界上有 135 个国家通过立法保护妇女生育的合法权益。

二是实行生育保险是对女职工基本生活的保障。女职工因生育暂时离开工作岗位，不能正常工作。国家通过制定相关政策保障她们离开工作岗位期间享受有关待遇。其中包括生育津贴、医疗服务和产假，以及孕期不能坚持正常工作时给予的特殊保护政策。在生活保障和健康保障两方面为孕妇的顺利分娩创造了有利条件。

三是实行生育保险是提高人口素质的需要。妇女生育体力消耗大，需要充分休息和补充营养。生育保险为她们提供了基本工资，使她们的生活水平不致因离开工作岗位而降低，同时为她们提供医疗服务项目，包括产期检查、围产期保健指导、为胎儿的正常生长进行监测、对在妊娠期间患病或接触有毒有害物质的孕妇做必要的检查等。如发现畸形儿，可以及早终止妊娠；对在孕期出现异常现象的妇女，进行重点保护和治疗，以达到保护胎儿正常生长，保证下一代人口质量的作用。

第二节　生育保险制度的建立和发展

一、生育保险建立和发展是经济社会发展的结果

生儿育女是妇女的神圣天职，但也是有风险的。如：妇女在怀孕、分娩、育婴期间部分或全部不能参加劳动，失去正常收入来源；生育需要增加医疗保健费用支出；生育期间不仅体力、心理和精神上承受负担和消耗，甚至有生命或肌体伤残危险等。这些风险，在自给自足的小农经济和手工业时代，是由个人和家庭承担并自行补偿的。到了工业化社会，大部分小生产者，成为雇佣劳动者，为了保证社会化大生产所需要的劳动力资源，保障劳动力简单再生产和扩大再生产，生育风险应当由社会承担和补偿。

进入现代社会，过去一向被禁锢在家庭的广大妇女，纷纷走出家门，走向社会，从事各种各样的社会生产和服务活动，成为职业女性，这不仅有利于妇女自身解放事业，也有利于经济发展和社会进步。但职业女性既要从事社会生产，又要担负起人类自身再生产的任务。她们在怀孕、分娩、育婴期间，因部分或全部不能参加劳动而减少或失去收入，同时又需要增加医疗保健费用支出。此外，她们不仅要在身体和精神上承受负担，甚至还可能有生命或伤残的危险。如果再让她们因为怀孕生育而失去工作，则显得不公。实行生育保险，使职业女性在生育子女时，能从国家和社会获得一定的经济补偿，保证其正常的生活和基本医疗保健需要，并不会因此而导致失业，可以解除职业妇女的后顾之忧，促进男女平等，社会发展。

生儿育女，不仅是家庭的私事，也是社会的大事。社会存在和发展依赖两个方面的再生产。一是物质资料的再生产，它是社会存在的基础；二

是人类自身的再生产，它是人类社会得以延续的条件。人类自身繁衍虽然是两性结合的结果，但劳动力再生产的任务主要是由女性负担的。现代社会的竞争，归根到底是人才的竞争，对妇女在怀孕、分娩、育婴期间提供基本生活保障和医疗保健条件，不仅保障了母亲的基本权益，也有利于优生优育，提高人口素质。作为社会保险体系的重要组成部分，生育保险不仅保障了妇女享有平等的社会保险权利，也保护了劳动力后备军的健康成长。

随着妇女参与社会生产人数的增加，生育保险逐渐引起了各国政府和国际组织的重视。目前，世界上大多数国家都根据自己的社会制度和经济实力，制定了相应的生育保护措施，以保障本国妇女的合法权益。到目前为止，在全世界 165 个建立社会保险体系的国家和地区中，已有 135 个建立了生育保险。它充分体现了妇女生育的社会价值，对促进妇女就业、进一步改善妇女的就业环境创造了良好的条件。

二、国际生育保险制度的建立和发展

随着妇女参与工业化生产人数的急剧增加，生育保险越来越引起各国政府和国际组织的普遍重视，女性的生育保护始终是国际劳工组织所关注的问题。1919 年，第 1 届国际劳工大会通过了《保护生育公约》（第 3 号）。1952 年，第 35 届国际劳工大会通过的《社会保障最低标准公约》（第 102 号）对生育补助金作了专门规定，随后通过了《保护生育公约》（第 103 号）（修订本）和《保护生育建议书》（第 95 号）。1975 年，国际劳工组织通过了《女工机会均等和待遇平等声明》，其中明确规定，由于生育是一种社会职能，所有女工应有权根据《保护生育公约》（第 103 号）（修订本）和《保护生育建议书》（第 95 号）规定的最低标准享有充分的生育保护，其费用应由社会保障、其他公共基金或通过集体协议承担。2000 年，第 88 届国际劳工大会为了促进劳动力中的所有妇女享有平等和母子的健康与安全，又通过了《保护生育公约》（第 183 号）和《保护生育建议书》（第 191 号）。

国际公约和建议书对生育保险待遇做出的规定主要包括以下 5 个方面

的内容。

一是产假。产假指职业女性在分娩前后的一定时间内所享受的有薪假期，其宗旨在于维持、恢复和增进受保产妇的身体健康、工作能力及料理个人生活的能力，并使婴儿得到母亲的精心照顾和哺育。按照 1919 年《保护生育公约》（第 3 号）的要求，产假至少为 12 周；2000 年《保护生育公约》（第 183 号）又提出，妇女有权享受时间不少于 14 周的产假。多数国家采纳了国际劳工组织的建议。近年来，随着经济的发展和对妇幼保健工作的重视，一些国家的产假有延长的趋势。

二是生育津贴。生育津贴指在职业妇女因生育而离开工作岗位、不再从事有报酬的工作以致收入中断时，及时给予定期的现金补助，以维护和保障妇女及婴儿的正常生活。1919 年《保护生育公约》（第 3 号）第一次对生育津贴作出了通用性的国际规范，1952 年在对该公约的修订中，明确这是一项属于与收入相关的社会保险制度，津贴不应低于原收入的 2/3。2000 年《保护生育建议书》（第 191 号）又提出，生育津贴应提高至妇女原先收入的全额。生育津贴按收入的一定百分比支付。各国在制定生育津贴标准时，一般都采取较优惠的政策。不少国家规定生育津贴相当于女性劳动者生育前原工资的 100%，有些国家或地区规定不低于原工资的 2/3。

三是哺乳时间。如第三号公约规定允许妇女每天在上班时间内哺乳两次，每次半小时。第 103 号公约规定为了哺乳而中断的工作时间应计算在工作时间之内。

四是就业保护。第 3 号公约和第 103 号公约都规定不得解雇由于分娩而缺勤的或由于分娩引起疾病而延长缺勤时间的产妇；第 95 号公约规定，如雇主在妇女妊娠期间、休产假或产假重返岗位后国家法律或条例规定的一段时间内，终止其就业是非法的，除非终止的理由与妊娠、分娩或哺乳无关。

五是产前健康保护。第 95 号建议书规定禁止妊娠和哺乳期的妇女从事夜间工作和加班，保证她们有充分的休息时间，在怀孕期和分娩后至少 3 个月应禁止雇佣其从事有害本人和婴儿健康的工作；第 183 号公约提出各成员国家要在有代表性的雇主组织和工人组织磋商后，采取适当的措施保护孕妇和哺乳期妇女，不得让她们从事有害母亲和儿童健康的工作。

三、我国生育保险制度的建立和发展

我国企业职工的生育保险制度建立于 1951 年，是《中华人民共和国劳动保险条例》的一个组成部分。

国家机关、事业单位的生育保险制度建立于 1955 年，并颁布《国务院关于女工作人员生产假期的规定》。企业与国家机关、事业单位的生育保险制度虽然分别建立，但其项目和待遇水平是相同的。当时规定女职工生育享受产假 56 天，产假期间由所在单位照发工资，生育期间的医疗费用由职工所在单位负担。1956 年，全国人民代表大会一届三次会议通过《高级农业生产合作社示范章程》，其中规定，特别注意使女社员在产前产后得到适当休息，并在生育时酌量给予物质帮助。

1988 年，国务院颁布了第一部比较完整的、综合性的女职工劳动保护法规——《女职工劳动保护规定》，其内容广泛，规定详尽，统一了机关、企业、事业单位的生育保险制度。该《规定》明确了职工所在单位不得在女职工怀孕期、产期、哺乳期降低其基本工资，或者解除其劳动合同，并将产假由原来的 56 天延长到 90 天，难产假 15 天，并对多胞胎生育的、流产、哺乳时间，孕期劳动保护和产假工资待遇作出新的规定。

1992 年，中华人民共和国第七届全国人民代表大会第五次会议通过了《妇女权益保障法》，其中第 25、26 条明确规定："任何单位均应根据妇女的特点，依法保护妇女在工作和劳动时的安全和健康，不得安排不适合妇女从事的工作和劳动。妇女在经期、孕期、产期、哺乳期受特殊保护。""任何单位不得以结婚、怀孕、产假、哺乳等为由，辞退女职工或者单方解除劳动合同。"

1994 年，中华人民共和国第八届全国人民代表大会第八次会议通过了《劳动法》，其中规定女职工与男职工在社会保险方面享有同样的权利，女职工生育享有不少于 90 天的产假，在生育期间依法享受社会保险待遇。为配合《劳动法》的贯彻实施，规范各地生育保险制度改革试点工作，劳动

部于 1994 年 12 月颁布了《企业职工生育保险试行办法》，使生育保险制度改革在内容、标准、形式等方面得到初步规范。

1999 年为了与基本医疗保险制度改革在政策上衔接，由劳动和社会保障部（现人力资源和社会保障部）、国家计生委（现国家卫生健康委员会）等联合下发了《关于妥善解决城镇职工计划生育手术费用问题的通知》，明确了各类生育保险制度地区，参保单位职工计划生育手术费用的支付途径。

2005 年 8 月 28 日，第十届全国人民代表大会常务委员会第十七次会议通过了《〈中华人民共和国妇女权益保障法〉修正案》，在 1992 年的基础上作了一些修改，其中增加了"国家推行生育保险制度，建立健全与生育相关的其他保障制度。地方各级人民政府和有关部门应当按照有关规定为贫困妇女提供必要的生育救助"。

2010 年 10 月 28 日第十一届全国人民代表大会常务委员会第十七次会议通过的《社会保险法》第 6 章对生育保险作了专章规定，明确规定了生育保险费的缴纳和生育保险待遇。

2022 年 10 月 30 日，第十三届全国人民代表大会常务委员会第三十七次会议修订通过《妇女权益保障法》，自 2023 年 1 月 1 日起施行。新修订的《妇女权益保障法》，进一步完善了生育保障制度。

第三节　工会应积极推动生育保险制度改革发展

一、我国生育保险制度的主要内容

（一）生育保险的主要组成部分

生育保险基本由 3 部分组成。一是产假。指女性职工在分娩前、后所享受的有薪假期。二是生育津贴。指职业妇女因生育后离开工作岗位，不再从事有报酬工作以致收入中断，及时给予定期的现金补助，以维护和保障妇女及婴儿的正常生活。三是医疗服务。即国家和当地政府规定的其他与生育有关的费用。指由医院、开业医生或助产士为职业妇女提供的妊娠、分娩和产后的医疗照顾，以及必需的住院治疗。

（二）生育保险待遇

根据《社会保险法》规定，生育保险待遇包括生育医疗费用和生育津贴。

生育医疗费用包括下列各项：

（1）生育的医疗费用；

（2）计划生育的医疗费用；

（3）法律、法规规定的其他项目费用。

职工有下列情形之一的，可以按照国家规定享受生育津贴：

（1）女职工生育享受产假；

（2）享受计划生育手术休假；

（3）法律、法规规定的其他情形。

生育津贴按照职工所在用人单位上年度职工月平均工资计发。

根据《社会保险法》规定，用人单位已经缴纳生育保险费的，其职工享受生育保险待遇；职工未就业配偶按照国家规定享受生育医疗费用待遇。所需资金从生育保险基金中支付。

（三）生育假期

女职工生育和终止妊娠享受的产假。

1. 女职工生育产假为 98 天。难产的，增加产假 15 天；多胞胎生育的，每多生育 1 个孩子，增加产假 15 天。

2. 女职工怀孕未满 4 个月流产的，享受 15 天产假；怀孕满 4 个月流产的，享受 42 天产假。

根据《人口与计划生育法》规定，符合法律、法规规定生育子女的夫妻，可以获得延长生育假的奖励或者其他福利待遇。

（四）生育保险费的缴纳

我国《社会保险法》第 53 条规定：职工应当参加生育保险，由用人单位按照国家规定缴纳生育保险费，职工不缴纳生育保险费。

生育保险根据"以支定收，收支基本平衡"的原则筹集资金，由企业按照其工资总额的一定比例向社会保险经办机构缴纳生育保险费，建立生育保险基金。生育保险费的提取比例由当地人民政府根据计划内生育人数和生育津贴、生育医疗费等项费用确定，并可根据费用支出情况适时调整，但最高不得超过工资总额的 1%。现已下调至 0.5%。

二、工会女职工组织应是女职工生育保险的推进者

生育保险关系到广大女职工的切身利益，对社会劳动力的生产与再生产具有十分重要的保护作用。实践证明，在市场经济条件下，实行生育费用社会统筹和社会化管理服务，对于均衡企业负担、改善妇女就业环境、切实保障女职工生育期间的基本权益，发挥了重要作用。同时，对计划生育、优生优育等工作也产生了积极影响。

在新时代，工会抓住机遇，积极参与生育保险的改革完善。一是进一步扩大生育保险覆盖范围，建立城乡一体的生育保险制度。将生育保险覆盖范围扩大到包括机关、事业单位在内的所有用人单位，允许灵活就业人员自愿选择参加生育保险；将生育保险扩大覆盖到城乡所有育龄妇女和参保人群，使生育保险政策惠及所有人群。二是明确政府职责。在生育保险制度设计上应体现政府责任，不应将职工生育的成本全部让企业承担，并明确政府、企业和职工在生育保险制度中的责任。政府财政要加大对生育保险基金的补助，当生育保险基金出现不足时，政府财政要给予补足。三是做好生育保险制度与女职工劳动保护制度的衔接，保持政策的一致性。四是促进生育保险和医疗保险的协同推进，不断提高女职工生育保险待遇。生育保险可借鉴医疗保险管理的经验，充分利用医疗保险管理信息系统，加强对参保单位、参保人员基础资料的管理，从参保登记、缴费基

数、统筹对象、管理服务等方面与医疗保险相衔接，确定生育医疗费用的支付范围。五是提高生育保险的统筹层次，增强基金的互助共济能力。根据《社会保险法》规定，生育保险基金由地市级统筹逐步向省级统筹过渡，增加生育保险的共济性和社会保险均衡能力，提高生育保险的安全性。六是建立真正意义上的生育保险社会统筹，建议将生育保险金由单位发放改为由社保部门直接支付给女职工。七是规范生育保险的保障项目，进一步做好生育保险项目扩展、待遇优化和保障水平提高等工作，扩大参保女职工免费妇科体检项目、增加"两癌"筛查等新的体检工作，提高基金使用质量和生育保障水平。八是建立长效机制，将生育保险的社保扩面工作纳入各级政府和相关部门年度综合评价指标体系和经济工作考核指标体系，切实维护女职工合法权益和特殊利益。

三、生育保险和职工基本医疗保险合并实施试点

2017 年国务院发布《生育保险和职工基本医疗保险合并实施试点方案》，12 个城市启动生育保险和职工基本医保合并试点。

（1）主要目标。2017 年 6 月底前启动试点，试点期限为 1 年左右。通过先行试点探索适应我国经济发展水平、优化保险管理资源、促进两项保险合并实施的制度体系和运行机制。

（2）统一参保登记。参加职工基本医疗保险的在职职工同步参加生育保险。实施过程中要完善参保范围，结合全民参保登记计划摸清底数，促进实现应保尽保。

（3）统一基金征缴和管理。生育保险基金并入职工基本医疗保险基金，统一征缴。试点期间，可按照用人单位参加生育保险和职工基本医疗保险的缴费比例之和确定新的用人单位职工基本医疗保险费率，个人不缴纳生育保险费。同时，根据职工基本医疗保险基金支出情况和生育待遇的需求，按照收支平衡的原则，建立职工基本医疗保险费率确定和调整机制。

职工基本医疗保险基金严格执行社会保险基金财务制度，两项保险合并实施的统筹地区，不再单列生育保险基金收入，在职工基本医疗保险统

筹基金待遇支出中设置生育待遇支出项目。探索建立健全基金风险预警机制，坚持基金收支运行情况公开，加强内部控制，强化基金行政监督和社会监督，确保基金安全运行。

（4）统一医疗服务管理。两项保险合并实施后实行统一定点医疗服务管理。医疗保险经办机构与定点医疗机构签订相关医疗服务协议时，要将生育医疗服务有关要求和指标增加到协议内容中，并充分利用协议管理，强化对生育医疗服务的监控。执行职工基本医疗保险、工伤保险、生育保险药品目录以及基本医疗保险诊疗项目和医疗服务设施范围。生育医疗费用原则上实行医疗保险经办机构与定点医疗机构直接结算。

（5）统一经办和信息服务。两项保险合并实施后，要统一经办管理，规范经办流程。生育保险经办管理统一由职工基本医疗保险经办机构负责，工作经费列入同级财政预算。充分利用医疗保险信息系统平台，实行信息系统一体化运行。原有生育保险医疗费结算平台可暂时保留，待条件成熟后并入医疗保险结算平台。完善统计信息系统，确保及时准确反映生育待遇享受人员、基金运行、待遇支付等方面情况。

（6）职工生育期间的生育保险待遇不变。生育保险待遇包括《社会保险法》规定的生育医疗费用和生育津贴，所需资金从职工基本医疗保险基金中支付。生育津贴支付期限按照《女职工劳动保护特别规定》等法律法规规定的产假期限执行。

2019年3月25日，国务院办公厅发布了《国务院办公厅关于全面推进生育保险和职工基本医疗保险合并实施的意见》，明确生育保险基金并入职工基本医疗保险基金，统一征缴，统筹层次一致，而且合并要在2019年年底前实施。

思考题

1. 我国社会保险的基本方针是什么？

2. 生育保险有哪些特点？

3. 生育保险有什么作用？

4. 生育保险费如何缴纳？

5. 简述生育保险的待遇。

6. 工会如何推进生育保险制度的进一步发展？

【案例 1】

生育津贴低于实际工资，用人单位应当予以补足

基本案情

陈女士于 2017 年 3 月 15 日入职某网络科技公司，担任设计师，双方签订了固定期限劳动合同。合同约定陈女士的工资标准为 13000 元/月，每月 5 日发放上个自然月工资。

2020 年 10 月 1 日，陈女士开始休产假。公司以陈女士的生育津贴尚未发放、自身也无须补足生育津贴和实际工资的差额为由，一直未发放陈女士产假期间及返岗上班后的工资。因此，陈女士于 2021 年 5 月申请劳动仲裁，要求公司支付产假期间的工资。

处理结果

双方当事人在工会律师的调解下达成了一致意见，某网络科技公司同意支付陈女士产假期间的工资。

除生育津贴以外，公司还同意支付生育津贴与陈女士工资标准的差额部分。

案件评析

用人单位应如何依法支付女职工产假期间工资？女职工领取的生育津贴低于本人实际工资，公司是否有义务补足？在实践中，用人单位和劳动者经常遇到这样的问题。根据《女职工劳动保护特别规定》，女职工生育或者流产，用人单位已经参加生育保险的，由生育保险基金按照用人单位上年度职工月平均工资标准支付女职工生育津贴；用人单位未参加生育保险的，由用人单位按照女职工生育或者流产前工资标准支付工资。同时，根据《北京市企业职工生育保险规定》第 15 条规定，生育津贴低于本人工资标准的，差额部分由企业补足。本案中，虽然用人单位依法缴纳了生

育保险，但并非用人单位只要缴纳了生育保险，女职工的产假待遇均无须由用人单位承担。对于薪资较高的女职工来说，用人单位在女职工领取生育津贴后，仍要按女职工产假前的工资标准补足工资。

【案例2】

未缴生育保险由用人单位承担生育医疗费

案情

李女士 2007 年入职一家纺织公司，岗位为缝合工，一直工作至 2014 年 2 月底。在职期间，公司未为其缴纳社会保险。2013 年 8 月 1 日，李女士生育一子。因其不能享受生育保险待遇，李女士诉至法院，要求公司支付其生育医疗费。

法院经审理认为，公司未为李女士缴纳生育保险致使其不能享受生育保险待遇，无法向社会保险经办机构报销生育医疗费，故公司应向李女士支付符合生育保险报销条件的生育医疗费。

以案释法

用人单位应当为女职工缴纳生育保险，用人单位未为女职工缴纳生育保险的，应当由用人单位承担女职工的相关生育医疗及检查费用。因此，用人单位不能为了节约用工成本逃避缴纳社会保险的义务，否则所需负担的医疗费用等各项支出可能会远远高于缴纳社会保险的费用。

【案例3】

用人单位未及时参加生育保险应当承担赔偿责任

基本案情

2018 年 3 月，秦某应聘到 A 公司从事会计工作。入职时，双方口头约定工资标准为 4000 元/月，未签订书面劳动合同，也未及时参加社会保险。2018 年 12 月，A 公司开始为秦某正常参加社会保险。2019 年 11 月 4 日，秦某因生育开始休产假，并于 2019 年 11 月 14 日顺利产子。2020 年 5 月 9 日，秦某产假结束，共计产假 188 天。产假期间，秦某未享受 A 公司任何待遇，又因截至生育之日，秦某生育保险缴费未满 12 个月，按照当地生育保险政策规定，无法由生育保险基金支付其生育医疗费和生育津贴。产假结束后，秦某未回单位上班。2020 年 6 月 10 日，秦某向劳动人事争议仲裁委员会提起劳动仲裁申请，请求 A 公司支付其生育医疗费和生育津贴。经社保部门核查，秦某生育医疗费用报销额度为 5743.62 元，生育津贴标准为 4164 元/月。

争议焦点

A 公司是否应向秦某支付其生育医疗费和生育津贴？

处理结果

劳动人事争议仲裁委员会作出《仲裁裁决书》，裁决由 A 公司支付秦某生育保险待遇共计 31838.02 元，其中生育医疗费 5743.62 元，生育津贴 26094.40 元（4164 元/月÷30 天×188 天）

评析

《女职工劳动保护特别规定》第 8 条规定："女职工产假期间的生育津贴，对已经参加生育保险的，按照用人单位上年度职工月平均工资的标准由生育保险基金支付；对未参加生育保险的，按照女职工产假前工资的标准由用人单位支付。"当地生育保险政策规定，生育保险关系转移前后按时足额且不间断交纳生育保险费满 12 个月后生育、施行计划生育手术的，才可按规定享受生育保险待遇。

本案中，因截至秦某生育之日，其生育保险缴费未满 12 个月，无法由生育保险基金支付生育保险待遇。值得注意的是，造成这种结果的原因是 A 公司在秦某入职时，未及时为其参加生育保险。因此，应由 A 公司全额支付秦某按规定应享受的生育保险待遇。

生育保险是一项保障妇女基本权益，给予生育职工经济、物质帮助的一项社会政策，体现了国家和社会对妇女的关心和爱护。用人单位要充分认识到生育保险的重大意义，切实担负起相关责任，依法为职工参加生育保险，坚决保障妇女合法权益。

【案例4】

产假期间被扣生育津贴获赔案

一、案情简介

陈某某于2017年11月7日入职北京某咨询公司，劳动合同为期3年，工作地点为海南省海口市。2019年4月16日起，陈某某经公司批准休产假，第二天被公司告知海南区域业务经营调整，决定撤销其所在岗位，与其解除劳动合同。陈某某提出抗议，要求公司赔偿并出具书面解除证明，遭到拒绝。2019年7月，陈某某按公司要求向当地社保部门申领了生育津贴，但公司一直未向其支付。

陈某某向海南省职工服务中心申请工会法律援助，中心工作人员经核实确认情况属实后，指派省总工会法律援助律师代理其向海南省劳动人事争议仲裁委员会申请仲裁。律师指导陈某某与公司负责人再次沟通还原事情经过，并保存电话录音、微信聊天记录，与劳动合同、工作系统钉钉聊天记录、社保清单、工资银行流水明细等证据一同提交给仲裁委员会。12月20日，海南省劳动人事争议仲裁委员会作出《案件逾期告知书》，告知陈某某可向人民法院提起诉讼。

2020年6月17日，海口市龙华区人民法院开庭审理此案，公司经合法传唤，无正当理由未到庭参加诉讼。因事实清楚、证据充分，法院判决基本支持了陈某某的诉讼请求，确认陈某某与公司自2017年11月7日至2019年4月17日期间存在劳动关系，判决公司向陈某某支付违法解除劳动关系赔偿金、产假期间的生育津贴、失业期间的失业保险金损失，共计48439.35元。公司于11月中旬执行了判决。

二、典型意义

本案是一起用人单位以非过错性理由与"三期"女职工单方违法解除劳动关系、克扣女职工生育津贴的典型案例。《妇女权益保障法》《劳动合同法》《社会保险法》和《女职工劳动保护特别规定》等国家法律法规规定，女职工怀孕、生育、哺乳的，用人单位不能单方与其解除劳动合同，具有《劳动合同法》第39条规定的情形除外；女职工合法生育产假期间，应当享受生育津贴。另外，按照《劳动合同法》规定，用人单位应当在解除或者终止劳动合同时向劳动者出具证明。本案中，公司业务经营调整不是单方与"三期"女职工解除劳动合同的合法理由，明显属于违法解除劳动合同的行为；拒绝出具解除劳动合同证明的行为违反了法律法规，也给陈某某造成了无法申领失业保险的损失。公司不仅应当承担违法解除劳动合同赔偿金，也应对女职工生育津贴、失业期间的相关损失承担赔偿责任。

本案中工会及时为当事人提供法律援助，切实发挥了在维护职工合法权益方面的重要作用，广大女职工遇到此类案件时，应当积极寻求工会组织的帮助。

第七章

促进女职工劳动就业和帮扶解困工作

女职工劳动就业和帮扶解困是工会维护女职工合法权益的重要内容。工会女职工组织应当采取积极有效的措施，做好女职工就业和再就业工作，实现女职工劳动就业权；做好困难女职工帮扶解困工作，推动改善困难女职工的生活条件。

第一节　工会女职工劳动就业工作概述

一、劳动就业基本知识

（一）劳动就业概念

劳动就业从不同的角度可以作不同的解释。从劳动经济学的角度来看，劳动就业是劳动力与生产资料相结合产生社会财富并进行社会分配的过程；从劳动者个人的角度来看，劳动就业是劳动者的谋生手段；从劳动法的角度来看，劳动就业是指具有劳动能力的公民在法定劳动年龄内自愿从事有一定劳动报酬或者经营收入的社会劳动。

劳动就业具有以下特征。

1. 劳动者必须是在法定劳动年龄内具有劳动权利能力和劳动行为能力的公民（主体上具有特定性）。

2. 劳动就业必须是出自劳动者的自愿。就业是劳动者基本权利，行使这种权利，完全取决于公民自己的愿望。

3. 劳动者必须从事法律允许的有益于国家和社会的某种社会职业。

4. 劳动者所从事的社会职业必须是有一定的劳动报酬或经营收入，能够用以维持劳动者本人及赡养一定的家庭人口的基本生活需要。

（二）劳动就业权的概念和特征

劳动就业权，也叫就业权或者工作权，是指公民享有的使自己的劳动力与生产资料相结合实现职业劳动的权利。劳动就业权是劳动者各项权利的基础，是各国宪法确认和保护公民的一项重要的基本权利。我国《劳动法》规定，劳动者有平等就业和选择职业的权利。

劳动就业权有以下特征。

1. 权利实现要求的特殊性。劳动就业权的权利主体是具有劳动能力的公民，而劳动就业权的相对义务主体是国家。因为劳动就业权的实现有着与其他权利的实现不同的特殊要求，即公民就业权的实现不完全是由人的主观意志决定的，它在很大程度上依赖于客观条件的存在。因此，国家作为劳动就业权的相对义务主体，必须承担解决和促进劳动者就业的责任，这种责任主要有两方面：一是政府要努力创造就业机会，二是对劳动者就业提供职业介绍和职业培训。促进和保障劳动者的就业，是市场经济条件下政府的职责和义务。

2. 内容的特殊性。即取得相应的报酬或者收入、从事合法的社会劳动是劳动就业权的两个基本要素。反之，没有报酬或者收入的义务劳动以及取得报酬、收入但没有参加合法的社会劳动，如投资获得的红利、出租房屋的租金，都不能称为就业。

3. 权利救济手段的特殊性。国家虽然负有促进和保障公民就业权实现的义务，但国家并不是包办公民的劳动就业。所以，当有劳动能力、有就业愿望的公民不能就业时，公民不能通过诉讼或者仲裁的方式向国家主张权利，只能申请领取失业救济金或者其他社会救助。

（三）我国劳动就业的方针

《就业促进法》规定：国家坚持劳动者自主择业、市场调节就业、政府促进就业的方针，多渠道扩大就业。

劳动者自主择业，指的是充分调动劳动者就业的主动性和能动性，充分发挥其就业潜能和提高职业技能，依靠自身努力，尽快实现就业。

市场调节就业，指的是充分发挥人力资源市场在促进就业中的重要作用。如：通过市场职业供求信息，引导劳动者合理流动和就业；通过市场工资价位信息，调节劳动力的供求。

政府促进就业，指的是充分发挥政府在促进就业中的重要职责。即政府运用经济、行政、法律和服务等手段，利用资金和其他资源，培育劳动力市场，扩大就业机会，提供就业服务，以保障宪法赋予公民的劳动权得以实现。政府促进就业不仅符合市场经济的要求和通常的国际惯例，也符合我国批准和执行的国际劳工组织《就业政策公约》的精神。

二、做好工会女职工劳动就业工作的重要性

工会女职工劳动就业工作是工会职工劳动就业工作的重要内容，也是国家职工劳动就业工作的重要组成部分。在新时代，要做好工会女职工劳动就业工作，就要认清形势和目前的工作现状，既要看到成绩，又要找出并分析所存在的问题，从而明确方向，采取更为有效的应对措施，在新的起点上，把工会女职工劳动就业工作推向前进。

女职工是我国职工队伍的重要组成部分，由于女性的生理特点，工作岗位的要求不同，加之社会对女性就业的歧视和偏见尚未消除，使得女职工的就业和再就业问题更为突出。工会及其女职工组织要坚持以女职工最关心、最直接、最现实的利益问题为重点内容，建立健全女职工就业再就业权益保障机制，努力为女职工说话办事。当前最重要的就是协助党政组织解决女职工就业再就业方面的问题，使女职工与全体职工及全体人民一道共享改革发展成果。

三、工会女职工组织在促进下岗失业女职工再就业中的作用

工会促进再就业工作，是国家就业再就业工作的重要组成部分。近年来，工会女职工组织在促进下岗女职工再就业问题上的积极努力取得了明显效果，不仅争取到政府和企事业行政的支持，获得了社会的赞誉，而且帮助了下岗女职工的自我解放，使她们勇敢地面对困难，迎接挑战，增强了自立自强的信心。

（一）推动积极就业政策的落实

大力促进《就业促进法》和《劳动合同法》的贯彻实施，推动积极就业政策的落实，关注女职工特别是女农民工就业状况，调查掌握女农民工在就业等方面存在的问题和困难，及时向有关部门反映及提出建议。

（二）做好心理引导，帮助下岗失业女职工树立再就业的信心

一些女职工下岗失业后，因无处着落失去方向，心灰意冷，或者心理期望值偏高，成为再就业的心理障碍。针对这些情况，工会女职工组织要帮助她们调整心态，转变观念，树立信心，促使她们对再就业有一个客观、正确的认识，从而发挥自己的主动性和能动性，依靠自身的努力实现再就业。

（三）拓宽就业门路，为下岗失业女职工再就业提供工作岗位

把社区就业与社区服务结合起来，依托社区阵地，开设一些便民利民服务、公益性服务，增设就业岗位，让下岗女职工在"家门口"重新就业。发挥"巾帼创业"带头人作用，促使她们优先安排下岗女职工就业。

（四）加大政策和资金扶持力度，鼓励下岗失业女职工创业，

对下岗女职工办企业、经商出台一系列优惠政策，提供一定的扶持资金，让她们享受一定的开办补助，或做银行贷款担保，帮助解决资金困难。

（五）积极争取机会和创造条件

在工会提供"培训、就业、入会、维权、帮扶"一条龙服务中，积极争取机会和创造条件，推动下岗失业女职工和女农民工就业、再就业工作。

（六）加强就业观念教育，发挥创业对就业的带动作用

对女职工加强就业观念教育，在创业培训、创业指导等方面加大力度，选出自主创业和创业带头人的典型进行广泛宣传，发挥创业对就业的带动作用。下岗失业女职工普遍存在文化素质、技术技能偏低的现象，在鼓励下岗失业女职工加强自学、提升素质的前提下，因地制宜开展各种实用技能培训，让她们掌握一技之长，增强再就业能力。

四、当前女职工在劳动就业方面遇到的新情况、新问题

就业是广大女职工赖以生存发展的基本经济资源，是女职工实现更多需求的根本前提。党中央、国务院历来十分重视妇女就业工作，制定了一系列的法律法规和政策措施，促进妇女就业，保障妇女的就业权利。

随着经济和社会的发展，妇女就业的人数不断增加，妇女就业结构得到优化，就业层次不断提高，创业女性明显增多。较高的女性就业率反映了我国经济增长给女性就业带来了发展空间，同时也反映出中国女性在政治、经济、文化、社会特别是劳动就业方面所拥有的与男子平等的机会和权利。

当前及今后一个较长时期内，我国的就业形势依然严峻。主要表现在：劳动力供求总量矛盾和就业结构性矛盾同时并存，城镇就业压力加大和农村富余劳动力向非农领域转移速度加快，同时出现新成长劳动力就业和失业人员再就业问题相互交织。焦点集中在下岗失业人员再就业上，下岗失业女职工再就业难的问题更加突出。

目前，劳动力供大于求的总量矛盾和劳动力素质与岗位需求不相适应的结构性矛盾同时存在，新生劳动力就业的高峰期、政策性关闭破产企业下岗失业人员再就业的攻坚期、农村富余劳动力向非农产业转移的加速期同时出现。因此，各级工会和女职工组织要继续把促进女职工就业再就业摆在更加突出的位置，认真研究存在问题，拓宽工作思路，创新工作方法，畅通联系渠道，千方百计地协助政府和企业行政做好女职工就业和再就业工作。

第二节　做好新时代工会女职工劳动就业工作

我国是一个人口众多的发展中国家，也是劳动力资源最丰富的国家之一，解决就业问题是一项长期的重大战略任务。当前和今后一个时期，劳动力供求矛盾仍然突出，国际环境复杂多变，国内经济社会发展也面临一些新情况新问题，妇女就业形势更加严峻，特别是生育政策调整后，工作场所性别歧视问题日益凸显，严重影响妇女平等就业权的实现，需要引起全社会的高度关注和支持。工会及女职工组织要直面问题，勇于面对挑战，以解决女职工最关心、最直接、最现实的利益问题为重点，积极推动女职工就业和再就业工作的开展。

一、创造新时代工会女职工劳动就业工作有利的法律政策环境

多年来，党和国家高度重视保障妇女的劳动就业权益，在制定法律法规和政策时，充分考虑女职工的特点，切实维护女职工劳动就业权益。《宪法》《劳动法》《妇女权益保障法》《就业促进法》《劳动合同法》《企业职工生育保险试行办法》等法律法规都制定了专门条款，保障妇女劳动就业权利，促进妇女就业发展。与此同时，社会各界采取多种措施，加强女职工的职业技能培训，开发和扩大适合妇女就业的领域和行业，实行更加灵活的就业形式，为不同就业需求的妇女提供就业机会。1998 年，劳动部、国家经贸委（现国家发改委）、财政部、教育部、国家统计局、全国总工会联合下发的《关于加强国有企业下岗职工管理和再就业服务中心建设有关问题的通知》（劳社部发〔1998〕8 号）对部分特殊人员不安排下岗作出明确规定：有生产任务的企业，一般不安排配偶方已经下岗的、离异或丧偶抚养未成年子女者、省（部）级以上劳动模范、烈士遗属、现役军人配偶、残疾人下岗。《劳动合同法》规定，女职工在孕期、产期、哺乳期的，除本人严重违纪违法外，用人单位不得解除其劳动合同。这些规定充分体现了党和国家对困难群体的照顾和关心。同时国家还制定了一系列扶持下岗失业女职工自主创业的政策，采取了有力的措施。如在职业培训补贴、小额担保贷款、税费减免等方面给予优惠，为妇女自主创业提供有利条件。各级政府还通过采取开发公益性岗位、专设就业服务窗口、举办专场招聘会、组织专门培训、监控就业性别歧视等针对下岗失业女职工的倾斜措施，帮助妇女特别是下岗失业女职工实现就业和再就业。党和政府的一系列法律政策措施，社会各界的广泛重视支持，以及工会以往的工作基础，为做好新时代的工会女职工劳动就业工作提供了有力的法律政策保障、良好的社会氛围和继续前进的工作基础。

二、推进新时代的工会女职工劳动就业工作

（一）积极参与国家有关法律法规和政策的制定，加大源头维护力度

工会女职工组织要认真贯彻落实党和国家关于促进就业和下岗失业人员再就业工作的各项方针政策，按照国务院《关于进一步加强就业再就业工作的通知》精神，协助党政组织进一步做好女职工就业和再就业工作，推动国家有关促进就业和再就业法律法规政策的落实。要充分发挥与女职工群众联系紧密的优势，努力疏通参与渠道，积极参与和推动涉及女职工劳动权益各项法律法规和政策的研究制定，表达女职工的意愿，使女职工的愿望和要求在相关法律法规政策中得到充分体现，切实维护女职工的劳动就业权。

（二）积极推动妇女平等就业权的实现

平等就业是指劳动者就业，不因民族、种族、性别、宗教信仰不同而受歧视。它具体包括两个方面的内容：一是就业资格的平等，即劳动者的就业资格是平等的，不因民族、种族、性别、宗教信仰不同而受歧视；二是就业能力衡量尺度的平等，即社会对公民的劳动能力要以同一标准进行衡量。

保障妇女平等的就业权利，消除就业歧视一直是劳动法的一个重要内容。我国有关法律法规对妇女就业作了明确规定，如《劳动法》规定：妇女享有与男子平等的就业权利。在录用职工时，除国家规定的不适合妇女的工种或者岗位外，不得以性别为由拒绝录用妇女或者提高对妇女的录用标准。《就业促进法》规定：国家保障妇女享有与男子平等的劳动权利。用人单位招用人员，除国家规定的不适合妇女的工种或者岗位外，不得以性别为由拒绝录用妇女或者提高对妇女的录用标准。用人单位录用女职工，不得在劳动合同中规定限制女职工结婚、生育的内容。《妇女权益保障法》规定：国家保障妇女享有与男子平等的劳动权利和社会保障权利。

工会女职工组织要广泛宣传妇女平等就业的相关法律法规政策，积极营造公平就业的社会环境，全面畅通就业女性维权渠道，持续加大女性公平就业监督力度，大力促进女性创业就业，推动在鼓励生育政策背景下女职工实现平等就业、全面发展。

（三）加大监督力度，积极推动有关政策的贯彻落实

工会女职工组织要认真履行监督职能，加强对法律法规政策规定落实情况的监督检查，不断推动国家就业和再就业法律法规政策的贯彻落实。要积极参与有关部门组织的检查、视察活动，及时了解、掌握国家政策规定落实中存在的问题，向党政组织反映并提出对策性的意见和建议。发挥工会女职工组织民主参与、民主监督作用，通过职工代表大会、职工大会的形式，就维护女职工劳动权益提出意见和建议，切实维护女职工的劳动就业权益，真正做到为女职工办实事、做好事、讲实话、出实招。

（四）多渠道、多形式帮助和扶持下岗失业女职工再就业

各级工会女职工组织要依托工会力量，通过筹集再就业资金、女职工创业基金，建立再就业基地、创业培训基地和实施小额信贷计划、组织劳务输出、异地开辟就业岗位，举办招聘会、开展姐妹献爱心活动等形式，为女职工创业和再就业提供支持和帮助；充分利用文化宫、俱乐部和工会院校，举办女职工周末学校、女职工再就业培训基地，为下岗女职工提供免费培训，帮助她们提高就业技能、增强就业的竞争力；加强与政府劳动部门及职业介绍机构的联系沟通，努力推进工会培训与劳动岗位资格认证相结合制度；配合有关部门积极探索创业培训、小额信贷和创业孵化相结合的工作模式，为扶持下岗女职工自主创业创造条件。

（五）加强舆论宣传和教育，引导下岗失业女职工树立正确的择业观

工会女职工组织要积极协助有关部门进一步加强舆论宣传，通过宣传，使用人单位了解掌握党和国家促进职工就业再就业的政策规定，进一步增强执行政策的自觉性。针对下岗失业女职工中存在的依赖心理、自卑心理，开展行之有效的教育活动，帮助她们树立自尊、自信、自立、自强

精神，树立正确的择业观，增强不等不靠、自主择业、竞争就业意识。关注下岗失业女职工中困难群体的再就业，通过开展"爱心帮扶""女性再就业援助行动"等活动，建立帮扶工作机制，帮助就业困难群体开辟就业新路。督促落实国家就业救助政策。及时发现和总结女职工再就业的先进典型，宣传和推广她们的先进经验。逐步建立和完善工会女职工组织促进女职工再就业的工作机制，进一步推进再就业工作的开展。

（六）实施个人职业发展与就业规划指导及设计

个人职业发展主要指个人职业生涯的设计与开发，是指一个人一生连续担负的职业和工作职务的发展道路。职业发展的成功与失败，主要取决本人对终身职业生涯的设想和考虑，但诸如父母的支持或反对、配偶的合作配合、主管领导人的支持与帮助、同事和亲人的关心等因素，也起一定作用。但是本人能否经过审慎考虑制订出符合本人个性（气质能力和性格）和专长的职业生涯计划，最为重要。

就业规划指导及设计，就是对个人今后所要从事的职业、要去的工作单位或组织、要担负的工作职务和工作职位的发展道路，做出设想和计划的过程。职业生涯的开发，是指为达到职业生涯设计所列出的各阶段的职业目标，而进行的知识、能力和技术的开发性（培训、教育）活动。

个人所制订发展的目标和就业规划能否实现，除了本人的努力外，还需要组织创造条件，特别是在我国目前的条件下，许多人的工作主要还是由组织上安排的。组织上应该了解每个人的气质、性格、能力、兴趣、价值观和理想等特点，尽可能地安排其在适合的岗位工作。工会要帮助女职工正确认识自我，规划自我，从而正确地选择适合自己的工作岗位，扩大就业和再就业的机会。

第三节　女职工帮扶解困工作概述

做好女职工帮扶解困工作是工会女职工工作的重要内容，也是工会女职工组织履行好维护女职工合法权益和特殊利益、竭诚服务女职工基本职责、切实为女职工群众，特别是困难女职工群众办实事、办好事的具体体现。各级工会女职工组织要不断研究新情况、解决新问题，把工会女职工帮扶解困工作不断向前推进。

一、近年来我国工会女职工帮扶解困工作的成绩和面临的问题

对女职工的帮扶解困始终是工会及女职工组织工作的重点之一，这一工作的发展进程同工会帮扶解困工作的发展进程完全一致。所不同的是女职工需要帮扶解困的需求可能更多一些、更细一些、难度更大一些。

（一）工会帮扶解困工作的成绩

近年来，各级工会及女职工组织，坚持以职工为本，着力加强保障和改善民生，帮扶困难女职工工作不断展示新作为。

1. 各级工会女职工组织通过实施以送温暖、金秋助学、特病保障、姐妹献爱心、女职工保健知识讲座、就业援助等为主要内容的女职工爱心帮扶活动，努力为女职工办实事、做好事、解难事。

2. 单亲困难女职工和女农民工帮扶工作进一步加强。积极争取在工会困难职工档案管理中设立单亲困难女职工情况专项，将单亲困难女职工帮扶纳入全会帮扶工作体系，使其成为工会"送温暖"活动重点帮扶对象。

3. 加强女农民工的维权和教育培训。认真贯彻落实党中央、国务院关于维护农民工合法权益的精神和全总的部署，加强女农民工的维权和教育培训，提高她们的综合素质和就业能力，并通过慰问农民工子女及留守儿

童、免费体检等形式开展关爱女农民工活动。

4. 女职工帮扶途径进一步拓展。通过举办妇女疾病卫生预防知识讲座和女性健康体检咨询，着力提高女职工的自我保健意识。积极开展女职工特殊疾病互助活动，为增强女职工抵御大病风险能力筑起又一道屏障。

5. 工会帮扶中心发挥了更大作用。工会困难职工帮扶中心（职工服务中心）是工会帮扶工作"三大品牌"之一，是工会履行维权服务职能的窗口，是工会实施"送温暖工程"、帮扶困难职工的有效载体。近年来，工会帮扶中心工作取得了突破性进展，帮扶对象不断扩大，从最初的生活困难职工群体扩大到生活困难、就业困难、子女上学困难、法律维权困难和农民工等群体；帮扶内容不断拓展，从最初的生活救助向政策咨询、生活救助、就业帮扶、法律援助、助医助学、农民工维权等方面内容拓展；帮扶方式不断创新，从工会帮扶到与社会各界通力合作共同帮扶，从困难职工上门求助到走出中心主动帮扶；帮扶效果日益明显，帮扶中心的社会影响力日益提高。作为服务职工的场所，困难职工帮扶中心提供一站式救助、援助和服务，进而依照"纵向到底、横向到边"的原则构建工作网络，在城区设立帮扶站，在街道、社区、乡镇和大型企业设立帮扶点，全域覆盖、上下联动、资源共享，让困难职工可以第一时间找到自己的"家"。

（二）我国工会帮扶解困工作面临的困难和问题

1. 工会女职工帮扶解困工作任务繁重

在我国社会保障体系尚未健全的情况下，部分职工，特别是女职工，生活因各种原因一度陷入困境，在生活困难一时得不到解决的情况下，一些职工，包括一些女职工，思想情绪很不稳定，对前景悲观失望，甚至产生激愤情绪，一些地方发生职工群体性事件，给社会稳定带来了不安定因素，影响劳动领域政治安全。上述存在问题有些还不是短期之内可以解决的，因此，切实关心职工特别是困难职工，尤其是女职工的生产和生活，帮助他们解决实际困难，仍是各级工会及女职工组织应当长期着力的重点。

2. 社会保障体制不健全，有相当数量的女职工得不到基本社会保障

我国社会保障体系的基本框架虽已初步形成，但覆盖面较窄，保障水

平偏低，相当数量职工特别是农民工、关闭破产企业职工和城镇灵活就业人员还没有纳入社会保障制度的覆盖范围，一些低保边缘户和一些纳入社保范围的职工由于遭受自然灾害、罹患重大疾病等原因生活还比较困难，在保障功能不尽如人意的情况下，要提高广大职工，特别是女职工的抗风险能力，工会就需要加大帮扶困难职工，特别是困难女职工的力度，充分发挥工会及女职工组织自身拥有的特殊作用。

3. 工会帮扶中心建设面临挑战

工会帮扶中心是工会女职工帮扶解困工作的有效载体，它在帮助困难女职工方面发挥着重要作用。但面对女职工帮扶解困任务加大的新要求，它也面临着机构编制、财力、场地等出现困难的实际情况，这些问题如不能很好解决，将导致困难职工帮扶中心在扩大帮扶领域、提升帮扶水平、实现可持续发展上踌躇不前。为此，各级工会及女职工组织应主动争取政府和社会各界的支持，整合资源，多方联动，努力推进工会帮扶的社会化。

(三) 做好新时代工会女职工帮扶解困工作的重要性

在我国全面建设社会主义现代化国家的新征程中，工会女职工帮扶解困工作的重要性，不仅在于为困难女职工构筑了抵御社会风险的屏障，搭建了一条党和政府联系困难女职工的桥梁，还在于树立了工会及女职工组织良好的社会形象，促进了工会及女职工组织的建设发展，从而为工会及女职工组织更好地履行职能、维护职工队伍和社会稳定、服务改革发展大局和发挥国家政权的重要社会支柱作用奠定了坚实基础。

从工会工作层面看。

1. 做好新时代的工会女职工帮扶解困工作，有利于履行好工会及女职工组织的维权服务基本职责，发挥好做群众工作的优势

畅通社会各阶层及社会群体的愿望和利益诉求，把问题解决在萌芽状态，对于维护社会政治稳定、促进社会和谐至关重要。一方面，工会及女职工组织发挥群众组织的作用，整合多样化就业结构下的不同职工群体，特别是女职工群体，保持工人阶级的整体性、先进性，这对于进一步扩大党的群众基础、巩固党的阶级基础就显得十分重要。另一方面，工会及女

职工组织既是协调劳动关系的重要工作平台，又是女职工参与国家和社会管理的重要途径。工会及女职工组织通过开展能够表达不同利益群体，特别是女职工群体诉求的个性化维权，可以整合和团结多元化的职工群众，从而促使工人阶级更有效地参与国家和社会治理。工会女职工帮扶解困工作，正是融合了工会及女职工组织职能和优势。特别是通过帮扶解困实现"上情下达""下情上传"，不仅有利于畅通信息渠道，而且有利于把女职工困难问题解决在萌芽状态，从而引导女职工群众理性合法反映利益诉求，维护职工队伍和社会政治的稳定，更好地把广大职工团结在党领导的工会组织周围，筑牢国家政权的坚强社会支柱。

2. 做好新时代的工会女职工帮扶解困工作，有利于工会及女职工组织密切同女职工群众的血肉联系

工会是党领导下的职工自愿结合的工人阶级群众组织。工会必须时刻保持同职工群众的血肉联系，履行好维护职工合法权益、竭诚服务职工群众的基本职责，在维护全国人民总体利益的同时，更好地维护职工群众的具体利益。重视和加强同困难女职工这一弱势群体的联系，倾听她们的呼声，关心她们的疾苦，想方设法为她们解决实际困难，使她们感受到工会的温暖，这是密切工会及女职工组织与女职工群众关系的重要内容，也是加强和巩固工会及女职工组织群众基础的根本要求。做好女职工帮扶解困工作，是工会及女职工组织结合当前形势需要，保持同广大女职工特别是困难女职工群体血肉联系的有效途径。女职工有困难，工会女职工组织应该是第一知情人、第一报告人，更应该是第一帮助人。工会及女职工组织要为女职工办的事情很多，但最为紧要的是帮助困难女职工群体排忧解难，使工会及女职工组织真正成为女职工之家、女工人之友和广大女职工特别是困难女职工的贴心人。近年来，各级工会及女职工组织，关心困难女职工生活，积极协助党和政府解决女职工在就业、医疗、子女上学等方面遇到的困难，以"金秋助学""姐妹献爱心"等活动为载体，借助全会和社会力量，创新帮扶形式，完善帮扶措施，将单亲困难女职工作为帮扶的重点，为她们排忧解难，帮助她们解决生产、生活中遇到的各种问题，

受到广大女职工，特别是困难女职工的感激和赞誉，密切了工会及女职工组织同她们的联系，增强了凝聚力。

3. 做好新时代的女职工帮扶解困工作，有利于提高工会及女职工组织的社会形象和认可度，扩大自身的社会影响

工会及女职工组织做好女职工帮扶解困工作，是打造女职工维权服务品牌的一项重要举措。通过精心打造，把它做强做大，提高工会及女职工组织的社会形象和知名度、认可度，既可形成女职工维权服务的良好社会氛围，又可获得更为广泛的社会资源，从而更有利地推动这项工作的创新和发展。

从影响社会层面看。

1. 做好新时代女职工帮扶解困工作，有利于完善我国的社会保障制度

目前，我国社会保障体系的基本框架已经初步形成，但社会保障制度仍不够健全。在这一现实背景下，工会女职工帮扶解困工作，对推动完善社会保障制度的积极意义就尤为凸显。做好这项工作，既可以通过宣传党和政府惠及女职工的政策，引导她们转变观念，又可以在调查、整理、综合、分析的基础上，定期向党委政府及企事业行政反映困难女职工群众的诉求，提出建议，形成惠民政策与基层民意的双向互通，为党和政府改善民生、富民惠民、进一步健全和完善社会保障制度提供决策依据。同时，工会及女职工组织开展多种形式的女职工帮扶活动，为困难女职工雪中送炭，帮助她们清除后顾之忧，进一步缓解女职工困难的程度，保障女职工的基本生活，这是对社会保障制度的有效补充，也是工会推动完善社会保障体系、参与社会管理、提供公共服务的具体措施。开展帮扶工作，不仅帮助女职工解决了生产生活中的实际困难，同时也弘扬了中华民族扶危济困、助人为乐的传统美德和工人阶级团结友爱、自强不息的精神风尚，推进了社会主义精神文明建设，体现了社会主义大家庭的温暖。

2. 做好新时代女职工帮扶解困工作，有利于工会及女职工组织维护女职工的劳动经济权益、促进社会和谐

劳动经济权益是职工最关心、最直接、最现实的利益问题，是党和政府高度重视和关注的民生问题，也是工会履行维护职工合法权益、竭诚服

务职工群众基本职责、在构建和谐社会中发挥作用的重要着力点。困难职工，尤其是困难女职工，是职工队伍中最需要得到工会组织维护和帮助的，是工会维权和帮扶的重点。改革开放以来，职工利益总体上得到实现、生活水平大幅度提高，但仍有部分女职工生产生活遇到暂时困难。因此，适应新的形势要求，不断加大工会及女职工组织帮扶工作的力度，努力协助配合党和政府及企事业行政，帮助困难女职工、下岗失业女职工解决再就业、就医、生活保障，以及特殊利益需求方面存在的突出困难，使她们共享改革发展成果，仍然是工会及女职工组织面临的繁重而艰巨的任务，也是工会及女职工组织为党和政府及企事业行政分忧、为女职工群众解难，推动高质量发展、促进共建共享和谐社会的重要实践。

第四节 做好新时代困难女职工帮扶解困工作

困难女职工是困难职工中的特殊群体。近年来，各级工会紧紧围绕女职工最关心、最直接、最现实的利益问题，开展了以送温暖、金秋助学、特病保障、姐妹献爱心、女职工保健知识讲座、就业援助等为内容的女职工爱心帮扶活动，成效显著。

做好新时代的困难女职工帮扶解困工作，最根本的是要学好和掌握党中央及全总关于做好工会女职工帮扶解困工作的一系列重要指示精神，坚持党的领导，明确工作方向，突出工作重点，采取有效措施，推动困难女职工帮扶解困工作深入发展。

一、做好新时代困难女职工帮扶解困工作的基本要求和工作重点

（一）基本要求

推动工会困难女职工帮扶解困工作的创新发展，要把推动解决困难女

职工最关心、最直接、最现实的利益问题作为工会女职工帮扶解困工作的出发点和落脚点，不断拓展帮扶解困范围、完善帮扶解困方式、提高帮扶解困水平，努力把工会及女职工组织建设成充满爱心、充满阳光的困难女职工之家。要大力加强帮扶（服务）中心建设，认真做好对女职工的帮扶解困工作，努力满足困难女职工群体的多元化需求，在拓展帮扶解困范围上有新进展；要加大推动政策落实的力度，充分发挥政府的主渠道作用，把促进就业再就业作为帮助困难女职工脱贫解困的根本手段，在完善帮扶解困方式上有新举措；要进一步提高对困难女职工的资助水平，进一步提高帮扶中心的管理水平和帮扶解困工作的信息化水平，在提高帮扶解困水平上有新突破；开展女职工帮扶解困工作必须要有求真务实、真情奉献的作风作保证，决不能图形式、走过场、搞花架子，在工作作风上有新转变。

工会困难女职工帮扶解困工作必须做细、做实，必须在摸底调查、入户慰问、帮扶解困上做到"三个全面覆盖"，即必须在摸底调查上实现"全面覆盖"。对困难女职工的生活状况要进行全面调查统计，动态地掌握她们的生活状况和致贫原因。同时，对非公企业里的困难女职工也要进行摸底调查，使所有困难女职工都能被纳入工会及女职工组织的帮扶网络。必须在入户慰问上实现"全面覆盖"。要动员和组织工会女职工干部到困难女职工的家里去，一方面送去党、政府和工会组织的关怀，另一方面要在入户慰问中访贫问苦，及时掌握困难女职工的生活实情，在为她们排忧解难上想实招、出实策。必须在帮扶解困上实现"全面覆盖"。一方面能帮的都要帮，不能让一位困难女职工的生活过不下去；另一方面要重在为困难女职工提供就业援助和创业支持，帮助她们实现解困脱贫。

根据全国总工会要求，组织开展女职工维权行动月活动，深化普法宣传到基层活动。实施"女职工关爱行动"，管好用好"关爱女职工专项基金"，做好女职工"两癌"检查、女职工休息哺乳室建设、工会爱心托管服务、"会聚良缘"工会婚恋服务等工作。加强对适婚职工的婚恋观、家庭观教育引导，重视和做好应对人口老龄化国家战略、实施三孩生育政策中女职工就业、生育保险、休息休假等权益维护工作。

(二)　工作重点

1. 在工会帮扶工作中，要重视对困难女职工的帮扶解困

做好困难女职工的帮扶解困工作，是工会维护女职工劳动经济权益、促进社会和谐的客观需要。各级工会在实施送温暖工程中要针对困难女职工的实际需要，运用困难职工帮扶(服务)中心、扶贫超市、爱心医院、爱心学校等载体，拓展帮扶领域和服务项目。有条件的困难职工帮扶(服务)中心可专门设立女职工维权窗口，积极畅通困难女职工诉求渠道。

2. 切实做好困难女职工档案管理工作

在各地建立的困难职工档案中应对困难女职工情况进行专项统计，实行动态化管理，对困难女职工做到家庭人口清、致困原因清、经济收入清、救助愿望清。要充分利用好、使用好软件所提供的各种信息和数据。保障部门、困难职工帮扶(服务)中心和女职工部要建立经常性的沟通和联系，工会女职工组织要主动向帮扶(服务)中心了解困难女职工的状况及有关数据，及时向保障部门及困难职工帮扶(服务)中心反映困难女职工情况，努力为困难女职工提供更加快捷、高效的帮扶服务。

3. 进一步加大对下岗失业女职工的帮扶解困力度

要推动《就业促进法》《劳动合同法》《社会保险法》《妇女权益保障法》的贯彻实施，推动积极就业政策的落实，在工会提供"培训、就业、入会、维权、帮扶"一条龙服务中，重视和推动下岗失业女职工再就业工作。积极为有创业愿望的下岗失业女职工实现自主创业提供必要的扶持和帮助，以就业促进脱贫，以创业带动就业。有条件的地方可开设下岗失业女职工专场招聘会，想方设法为下岗失业女职工再就业创造条件。

4. 进一步形成合力，加大帮扶力度，切实帮助解决困难女职工多方面的实际困难

各地帮扶资金应确保一定比例用于困难女职工特别是单亲困难女职工

的帮扶，同等条件下对困难女职工予以倾斜。针对困难女职工的不同困难程度、不同致困原因、不同帮扶需求等情况，采取送政策、送岗位、送培训、送医疗、送助学、送文化、送物资、送资金等多种帮扶措施，切实帮助她们解决生产、生活方面的困难。各地工会要加强对帮扶资金的管理和使用。在对困难女职工日常帮扶的基础上，每年的三八妇女节、六一儿童节及秋季入学前要有一定资金用于困难女职工特别是单亲困难女职工、女农民工及其子女的帮扶。

5. 拓展困难职工帮扶中心功能，加强中心和站点枢纽型平台功能建设

要加强困难职工帮扶（服务）中心枢纽型社会组织平台功能建设，联合一批与女职工需求贴近的服务职工类社会组织，引入外部资源和社会力量提供帮扶服务；要加强中心社会化功能建设，充分了解女职工状况和需求，与政策帮扶、制度保障和社会资源服务相结合，提升功能，拓展品牌，为女职工提供精细、个性和互动的生活保障服务。

6. 整合资源，聚焦发力，做实各种维权帮扶、保障服务项目

要充分发挥工会作为社会协同重要力量的作用，主动对接政府部门、社会组织、基层企事业和职工群众，积极整合党政、工会和社会的各种资源，推动资源统筹、政策帮扶、制度保障，主动服务、聚焦发力，做实各种维权帮扶、保障服务项目，推动改善职工群众特别是困难女职工的生活条件。

二、做好工会困难女职工帮扶解困工作应注意的问题

（一）抓住重点

没有重点就没有政策。帮扶解困的重点对象是：单亲困难女职工、女农民工、重病重灾女职工、失独女职工 4 类特殊困难女职工，确保在档困难女职工帮扶全覆盖、无遗漏。

工会女职工帮扶解困工作的重点是关心困难女职工的就业及生活状况。这是做好一切工作的根本基础。近年来，工会女职工组织在帮扶对象

上，已经从原来的困难女职工、受灾女职工和下岗失业女职工向农民工中的女职工拓展，零就业家庭、单亲女职工家庭、患重大疾病或子女上学的困难女职工家庭、国有改制企业困难女职工的帮扶解困工作十分突出。除此之外，女农民工就业和就业保护状况也存在不少问题。工会女职工组织要注意关注这些变化、研究这些变化，下大力为女职工解决实际问题，抓住工作重点开展工作，使工会女职工帮扶解困工作收到实效。

（二）加强困难女职工帮扶解困机制建设

落实帮扶困难女职工工作，就要建立由下及上的摸查制度，制订切实可行的帮扶措施，有步骤地落实帮扶计划。基层工会要做到"三个必须"，即必须由专人负责此项工作、必须针对各单位具体情况制定出具体工作安排、必须将帮扶对象落实到人。要根据具体工作安排对困难女职工逐一调查分析、建立档案，区分不同情况，有针对性地进行帮扶，真正做到对困难单亲女职工送温暖不留死角。

（三）着力创新

女职工组织在坚持开展大规模送温暖活动的同时，还要不断拓展送温暖活动的内涵和外延。工会要利用自身优势，不断创新帮困方式，拓展帮扶内容，把过去单纯的送钱、送物，转变成送信息、送岗位，对有意向继续深造学习的低学历女职工，积极为她们提供和创造学习的机会。顺应时代发展潮流，积极推进"互联网+"工会普惠性服务工作，为女职工提供便捷、精准、高效服务。

（四）及时提供法律援助

充分运用党和政府赋予的资源和手段，加强对零就业家庭女职工、单亲特困女职工、女农民工的帮扶，为合法权益受到侵犯、生活困难的女职工及时提供法律援助。要继续加强源头参与，积极推动有关女职工合法权益和特殊利益的法律法规制定，加强对劳动法律法规执行情况的群众监督，为女职工维权工作提供法律保障。

（五）要加强队伍建设

工会女职工帮扶解困工作涉及政策咨询、生活救助、就业服务、心理疏导、法律援助等方方面面。这一工作特点要求从业者不仅需具备较高的理论政策水平和过硬的业务素质，更必须有求真务实、真情奉献的作风。为此，各级工会及女职工组织要注意采取多种形式，加强对工会女职工干部的培训，使她们通过学习和实践锻炼不断增长才干，以适应新时代对工会女职工帮扶解困工作的要求，做合格的乃至优秀的工会女职工帮扶解困工作者。

思考题

1. 劳动就业权有哪些特征？

2. 我国劳动就业方针是什么？

3. 做好工会女职工劳动就业工作的重要性是什么？

4. 工会女职工组织在促进下岗失业女职工再就业中有什么作用？

5. 如何做好新时代工会女职工劳动就业工作？

6. 简述做好新时代工会困难女职工帮扶解困工作的重要性。

7. 如何做好困难女职工帮扶解困工作？

【案例 1】

孕期遭恶意调岗被迫辞职案

基本案情

李某某于 2017 年 3 月入职某公司，签订了为期 2 年的劳动合同，岗位系办公室文员。2018 年 11 月，李某某因怀孕向单位请了两周保胎假，完成了正常的请假手续，并交接了工作。李某某休完假后正常返岗工作。2019 年 1 月 22 日，单位以李某某工作表现不符合岗位职责为由，将其调整到销售岗位。李某某不同意，认为以目前自身情况，无法完成销售任务。公司以李某某不服从管理为由，要求其递交辞职报告。1 月 24 日，李某某到某市总工会职工（农民工）法律援助工作站求助。

处理过程及结果

某市总工会职工（农民工）法律援助工作站工作人员认真听取了李某某的诉说并做了详细记录，随后通过电话联系该公司负责人核实情况，并告知其违反了用人单位在女职工孕期不得单方解除劳动合同的法律规定。该公司负责人态度强硬，辩称李某某不服从工作安排，无视公司规章制度，公司劝退不是辞退，没有违反法律规定。

面对这种情况，法律援助工作站为李某某指派了律师，代写了劳动仲裁申请书，递交到某市劳动人事争议仲裁院。公司收到劳动人事争议仲裁院的通知后，考虑到如果败诉将承担不利的法律后果，遂主动要求调解。

2019年3月12日，仲裁庭进行裁前调解。经调解，双方达成调解协议，公司同意不辞退李某某，李某某返回原岗位工作。

案例评析

这是一起典型的用人单位"恶意调岗"侵犯孕期女职工权益的案件。《劳动合同法》第35条规定，用人单位与劳动者协商一致，可以变更劳动合同约定的内容；变更劳动合同，应当采用书面形式。根据上述规定，用人单位随意调整怀孕女职工的工作岗位属于违法行为。用人单位为规避法律规定，无视劳动合同的约定，将怀孕女职工调整到相对繁重的工作岗位，然后以女职工不服从调整或者不能胜任工作岗位为由"劝退"，以达到辞退女职工的目的。这种做法侵犯了女职工的生育权利，在现实中具有一定的代表性。我国《女职工劳动保护特别规定》第6条明确规定了孕期调岗的情形，即女职工在孕期不能适应原劳动的，用人单位应当根据医疗机构的证明，予以减轻劳动量或者安排其他能够适应的劳动。这种从孕期女职工劳动保护的角度出发的调岗，需要有医疗机构的医学证明，并征得女职工同意。

李某某在被强迫调整岗位后及时向工会投诉，市总工会采取"仲裁+工会"为职工提供法律援助的维权模式，一方面向用人单位核实情况，进行普法宣传，另一方面向女职工提供法律援助，申请劳动仲裁，促成调解，最大限度地维护了女职工的合法权益。

【案例2】

莱阳市总工会六项服务关心关爱女职工

2022 年 2 月 21 日　来源：中工网

山东省莱阳市总工会不断创新服务方式、拓展服务项目，通过权益保障、法律宣传等六项服务，为女职工办实事、办好事、解难事，让广大女职工真切地感受到工会组织的关怀和温暖。

权益保障服务，强化维权力度。在全市企业开展工资集体协商工作的同时，同步推进企业签订女职工专项集体合同，共签订女职工专项集体合同472 份，覆盖全市所有企业女职工，使女职工的特殊利益得到有效制度保障。

法律宣传服务，提升维权意识。携手山东阳正律师事务所在开展"尊法守法·携手筑梦"法律服务活动暨"女职工维权行动月"活动，集中开展普法宣传教育37 次，发放《女职工劳动保护特别规定》等宣传资料4300 余份，解答职工提问50 余人次，提供建议20 余人次。积极建立劳动争议调解组织，健全劳动关系预警和女职工诉求表达机制，加强工会维权热线受理，常年聘用专业律师，接待女职工群众法律咨询68 件次，办理率为100%。

子女托管服务，消除后顾之忧。委托莱阳工人文化宫特长学校建立8个有资质的职工子女托管班，寒暑假期间160 名学生参加了各类特长学习，并免费参与一日研学活动。积极引导具备条件的企业、工友创业园建立职工子女托管中心，春雪集团、纪格庄工友创业园职工子女托管班，解决了女职工的后顾之忧，120 名女职工的子女有了不一样的假期生活，享受到悉心看护。截至目前，服务职工子女1800 余人次。

心理关爱服务，保障健康权益。通过邀请心理健康专家讲座、打造"向日葵"关爱服务站等举措提供心理关爱服务，先后为莱阳市教体局、春雪食品集团等企事业单位送去9 期心理健康知识讲座，受益女职工2000余人次；打造春雪食品、康复医院等4 家"向日葵"关爱服务站，为职工提供健康宣传、心理测评、心理咨询、个体辅导、心理宣泄等多项服务。每月最后一个周日免费针对女职工家庭亲子关系、邻里矛盾等问题，开展一对一咨询活动，40 余名女职工针对夫妻关系、人际交往等方面的问题进行了相关解答与疏导。

私密暖心服务，关注特别需求。在大型公共场所推进"妈妈小屋"建设工作的同时，发动企业工会在问卷调查的基础上，根据女职工的诉求和需求打造一批"工会妈妈小屋示范点"，做到"一屋多用"，在做好孕期、哺乳期服务的同时，充分利用空间资源，积极开展女职工健康知识交流、心理咨询等活动，不断提高女职工的幸福感和获得感。截至目前，全市累计建成 7 家烟台市级"妈妈小屋"示范点，1 家省级"妈妈小屋"示范点。

交友联谊服务，创新服务项目。开辟"线上+线下"多元渠道提供交友联谊服务。线上，在调研摸底的基础上建立微信单身女职工交友联谊群，开展线上相亲会，搭建单身男女沟通交流的平台。线下，与退役军人事务局联合中国人民解放军 32102 部队、71217 部队共同举办"工会当红娘　相约在梨乡"军地青年交友联谊活动 2 场，350 余名单身青年女职工参加活动，有 20 余对单身女职工配对成功。（宋洁　姜霞）

【案例 3】

开展托管托育、身心健康、婚恋服务
广西"女职工关爱行动"聚焦解决急难愁盼问题

2023 年 7 月 21 日　中工网

由广西壮族自治区南宁市总工会、市妇女联合会主办的南宁市住建系统"超英"爱心暑托班开班，标志着 2023 年南宁市职工子女暑期托管班工作全面展开。截至目前，广西已开设 45 个自治区级职工子女托管班示范点，同时在南宁、柳州、桂林等 6 市推动建设 8 个 3 岁以下婴幼儿照护服务试点机构。这是自治区总工会"女职工关爱行动"的举措之一。

近年来，自治区总工会以服务女职工多样化需求为导向，深入实施"女职工关爱行动"，聚焦托管托育、身心健康、婚恋等急难愁盼问题，努力为女职工办实事做好事解难事。

目前，自治区总工会认定 125 个自治区级女职工关爱室示范点，为孕

产期女职工休息哺乳提供舒适空间。同时积极推动爱心托育用人单位建设，联合自治区卫健委每年评出 10 家自治区级爱心托育用人单位，对获得全国爱心托育用人单位的给予配套经费补助。

为了引导女职工正确释放工作和生活压力，自治区总工会在"网上工会"云平台上线运行心理关爱服务模块，在各市职工服务中心、职工之家等建设心灵驿站，为职工提供心理咨询、心理测评、举办培训讲座等心理关爱服务。2022 年起，自治区总工会联合中国职工发展基金会、六合心理开通职工心理援助热线，截至 2022 年 12 月上旬，共接通职工来电咨询 1318 次。

自治区总工会还注重开展困难女职工帮扶和"两癌"筛查活动。2021年以来，自治区总工会帮助困难职工实现 2650 个微心愿，其中为困难女职工实现 1353 个微心愿。各级工会联合卫健部门广泛开展"两癌"宣传教育普及活动，依法推动用人单位为女职工进行"两癌"筛查，从 2022 年开始，每年为 1 万名女职工、困难女职工和新就业形态女性劳动者提供公益性"两癌"筛查服务。（庞慧敏）

第八章

推动女职工工作的创新和发展

时代在发展，事业要创新。工会女职工工作要实现新的突破，需要不断创新。工会女职工干部要强化创新思维，解放思想、勇于创新、与时俱进，开创工会女职工工作新局面。

第一节　工会女职工工作创新

创新是人类特有的认识能力和实践能力，是人类主观能动性的高级表现，是推动民族进步和社会发展的不竭动力。一个民族要想走在时代前列，就一刻也不能没有创新思维，一刻也不能停止创新。工会女职工工作要实现新的突破，也需要不断的创新。

随着社会主义市场经济的深入发展和企事业改革的进一步推进，面对激烈的市场竞争，女职工作为经济社会建设不可缺少的一支重要力量，无论从宏观意义上还是从微观层面上，都决定了工会女职工工作必须站在时代的高度，面对机遇和挑战，及时研究新情况、探索新对策、提出新思路、解决新问题，开创工会女职工工作新局面。

一、工会女职工工作的新机遇、新挑战

（一）多种所有制经济的迅速发展对女职工组织的发展提出了新挑战

随着改革开放和市场经济的不断发展，所有制结构的变化，产业结构不断调整，城市化进程的加快，新建企业不断增加，职工队伍不断壮大。在新建的改制企业、外商投资企业、港澳台商投资企业、私营企业和乡镇企业中如何加强工会女职工工作，已成为工会女职工组织面临的一个现实问题。要求我们女职工干部要思考如何应对变化，在实践中探索走出工会女职工工作的新路子。

（二）非公企事业女职工权益保护的现状对女职工组织的维权提出了新挑战

随着社会经济的快速发展，科学技术的日新月异，企事业对用工人员

的技术素质等各方面的要求越来越严格，劳动用工过程中的矛盾、纠纷越来越多。非公企事业中女职工劳动保护中存在的问题也日益凸显出来，拖欠工资，不签劳动用工合同，不缴纳社会保险费等劳动侵权案件已成为投诉较多的案件，非公企事业女职工的劳动保护问题既存在着拖欠工资，不签劳动用工合同、不缴纳社会保险费、不落实"四期"保护措施等"显性侵权"现象，也存在着无可奈何加班加点、工作隐患（如职业病）及频繁换人裁人、只用试用期等"隐性侵权"现象，用人单位以合法的形式掩盖其不合法的目的，以致众多被侵权的女职工意识不到自己的权益受到侵犯，有时即便意识到了被侵权也难以找到维权的法律依据。虽然我国法律法规不断地对用人单位加以规范，女职工的法律意识和维权意识也在不断增强，但一些用人单位也是"道高一尺，魔高一丈"，采取相应的对策，故意规避法律，比较隐蔽地侵犯着女职工的权益。

（三）工会工作的发展对女职工组织的作用发挥提出了新挑战

在新时代，工会维权的理论与实践取得新突破。党的十八大以来，我国改革发展进入关键时期。中国工会紧紧围绕当代我国工人运动的主题，坚持"重点论"与"两点论"的统一，相继提出把维护贯穿于推动改革、促进发展、积极参与、大力帮扶的全过程，明确了工会维权服务工作在服务党和国家工作大局中的作用；提出"组织起来、切实维权"的工会工作方针，明确了维权服务工作在工会工作全局中的地位；提出树立和落实"以职工为本，主动依法科学维权"的工会维权观，深化了对中国特色的工会维权工作的认识；提出"促进企事业发展、维护职工权益"的企事业工会工作原则，成为企事业工会维权服务工作的基本遵循；提出依法推动"两个普遍"的重点工作，明确了加强工会组建、维护职工权益的有效手段等等。这些重要的理论创新成果，也是指导女职工工作的基本原则，女职工工作也要适应工会工作的需要不断创新。

（四）女职工的群体分化对女职工组织的工作模式提出了新挑战

1. 女职工队伍内部结构、综合素质、就业状况、生活保障诸方面都发生了重大而深刻的变化。女职工队伍不断壮大，形成多元分布，逐步并快速向改制企事业和非公有制企事业流动。

2. 女职工文化水平的提高速度明显快于技术素质的提高速度。随着竞争的加剧和知识经济的挑战，女职工学科学、学文化、学技术的积极性普遍提高。

3. 女职工就业方式呈多元化，市场配置劳动力资源的格局基本形成。女职工就业观念不断更新，初步形成了依靠自身实力参与市场竞争、谋求生存发展、寻求良好的工作环境和较高收入的择业观念。

4. 女职工思想观念发生明显变化，呈现出积极务实的特点。一是女职工对国家社会的认同感不断增强；二是女职工自我意识逐渐强化，人生观、价值观更趋务实和理性，法律意识和民主意识都明显增强。

二、以与时俱进的精神创新女职工工作

各级工会女职工组织要深刻认识在国内外形势更趋复杂多变，化解各种社会矛盾、促进社会和谐稳定的任务艰巨，新形势，新任务，要求工会女职工组织要用开拓创新的精神做好新形势下的工会女职工工作。

一要解放思想。观念的创新是工作创新的前提和基础，要增强女职工工作的创新，必须从创新思维方式着手，用正确的观念来指导女职工工作。广大的女职工干部要充分认识新时代对女职工工作的新要求，进一步解放思想、着力破除不适应、不符合新发展理念的思想观念，从工作理念、维权理念和履行职责上清除一切妨碍创新的思想障碍，认真思考工会女职工的工作思路、工作模式、工作作风的转变等问题。用新发展理念丰富创新理念，指导统领工会女职工工作，为实现工会女职工工作创新奠定坚实的思想基础。

二要强化责任意识。以习近平新时代中国特色社会主义思想为指导，以当前女职工的迫切需求为依据，用发展的思路、发展的理念、发展的办法，破解工作中的重点难点问题，推动女职工工作体制、机制和制度创新；树立"主动有为"的思想，把工作做实做细。要敢于面对矛盾，勇于承担责任。勤学善思，注重研究问题，解决工作中的难点问题。

三要强化群众意识。女职工干部要强化自己的群众意识，贯彻党的群众路线，要把联系服务女职工群众作为一项重要职责，带着感情融入群众、带着责任服务群众。在工作上依靠女职工，服务女职工，打造广泛深厚的群众基础。要增强服务本领，改进工作作风，感情贴近女职工、真情关爱女职工、真心帮助女职工、竭诚服务女职工，做女职工最可信赖的知心人。要严于律己，工作认真干、责任勇敢担，以高尚的人格魅力征服群众，以优秀的工作形象凝聚群众。

四要强化品牌意识。女职工工作要创新，必须解决工作难点，形成工作亮点，树立自己的品牌，才能得到党委、政府、工会和社会的支持和认可。破解难点、创造亮点要坚持三个结合：与党委、政府的部署和中心工作相结合；与上级工会重点工作相结合；与当地工会的难点工作相结合。只有处理好破解难点与创造亮点之间的关系，创新才能有实效。因此，各级工会女职工干部要敢想敢干，善于跟上形势，强化创新意识；要敢闯敢试，善于广览信息，开阔创新视野；要敢为人先，善于树立创新典型，不断探索工作特色，打造工作品牌。要发挥典型示范作用，及时捕捉工作中的创新"亮点"，培树、推广各个层面的典型，不断扩大典型影响力，促进女职工工作上水平。

五要强化大局意识。在新时代，党中央针对当前经济社会发展中的突出矛盾和问题制定了一系列新目标新战略新举措，广大工会女职工干部要牢固树立新的发展理念，准确把握转变经济发展方式、保持经济平稳较快发展的新任务新目标，增强贯彻落实党的路线方针政策的自觉性和坚定性。要不断开创女职工事业新局面，就必须以经济建设为中心，以高质量发展为首要任务，充分了解女职工队伍发展变化的基本状况及时代特征，把握女职工队伍发展趋势、存在的问题及对策，把女职工工作放到党和国家工作大局和工会工作的全局中去思考、去把握、去定位、去部署。只有这样，才能推动女职工工作迈向新台阶，才能开创女职工工作新局面、新格局。

三、努力完成工会女职工工作的主要任务

第一，坚持用习近平新时代中国特色社会主义思想武装女职工，坚持深化理想信念教育，坚持弘扬社会主义核心价值观，组织女职工积极参加"中国梦·劳动美——凝心铸魂跟党走　团结奋斗新征程"主题宣传教育活动、"玫瑰书香"女职工主题阅读活动、"培育好家风——女职工在行动"主题实践活动。

第二，组织动员广大女职工为全面建成社会主义现代化强国建功立业。加强女职工业务技能培训、科学文化普及，提高数字化技术应用能力。组织女职工积极参与劳动和技能竞赛、技术革新、技术协作、技术攻关、技术比武、"五小"竞赛、合理化建议等群众性经济技术创新活动。

第三，积极构建和谐劳动关系。推动落实《女职工劳动保护特别规定》，推动女职工劳动保护地方立法出台，依法维护女职工合法权益和特殊利益。依托"学习强会"平台推出工会女职工数字化普法宣传专区，形成网络化女职工普法宣传体系；及时关注、协调处理涉及女职工权益案件和舆情信息。总结宣传女职工权益保护专项集体合同示范文本，积极创建家庭友好型工作场所；推动用人单位构建母乳喂养支持环境。

第四，切实解决女职工急难愁盼问题。推进职工子女托育托管工作，推动有条件的用人单位为职工提供福利性托育服务。关爱新就业形态女性劳动者，加强新就业形态女性劳动者权益保障力度。推动女职工"两癌"筛查工作，打造"会聚良缘"工会婚恋服务品牌，持续开展职工子女关爱活动。

第五，推动新时代工会女职工工作创新发展。

第二节　围绕履行职责求创新

工会女职工组织要围绕履行维护女职工合法权益和特殊利益、竭诚服

务女职工的基本职责，努力探索完善在工会组织领导下的维权新机制、新途径和新方法。要将竭诚为广大女职工群众服务，代表好、维护好女职工的合法权益和特殊利益作为自己的工作目标。紧紧围绕发展大局，坚持维护企事业利益与维护女职工具体利益的统一，把维护女职工的合法权益贯穿于企事业改革发展的全过程。切实把女职工维权工作放到发展大局去思考、去谋划，找准定位，探索规律，使女职工维权工作与企事业发展同步，在实践中不断发展、完善和提高。

一、积极推进女职工参与职代会

职工行使民主管理的权利，是通过职代会这一基本形式来实现的，女职工代表作为职代会的组成部分，代表着绝大多数女职工的心声，比其他男代表更知道应该怎样维护自身的权益，尤其是在妇女生育生理健康权、劳动保护权、安全卫生权等方面。因此女职工要在职代会中发挥作用，切实维护自身权益，发挥女代表的作用，就必须争取女职工代表的人数达到女职工人数的比例；必须提高女职工代表自身的素质，组织女职工代表积极参与职代会的各项议程和各种活动；组织帮助女职工代表提出有分量的、高水平的议案提案，真实反映女职工的心声。只有这样，才能在第一时间内表达和维护女职工的合法利益和特殊权益。女职工代表在职代会上可以行使职权，在薪酬制度改革、工资奖金分配、职工医疗保险、女职工劳动保护、女职工生育费用报销、目标管理考核等方面，提出看法和建议。

二、签订女职工权益保护专项集体合同

签订女职工权益保护专项集体合同，是新时代女职工维权工作的一个创新，也是落实新发展理念，推动高质量发展，以人为本，构建和谐社会，切实维护女职工合法权益和特殊利益的重要机制和手段。工会应将签订女职工权益保护专项集体合同纳入工会整体工作，与平等协商集体合同

同步推进，与集体合同一起协商、修订。签订女职工权益保护专项集体合同，必须从女职工最关心的问题入手，立足维护、着力服务、结合实际、体现特色，重点要突出，内容要具体，程序要合规，措施要可行。按照这一思路，结合实际，通过调查研究，紧紧围绕女职工劳动权益的热点、难点问题，重点对女职工享有的政治权利、劳动权利和接受职业培训的权利，女职工禁忌从事劳动的范围，"四期"保护中女职工的工资待遇，女职工的专项体检等进行落实，起草合同草案，力求女职工权益保护专项集体合同在各项措施及内容上更加详细、具体、可操作性强，真正保护好女职工的合法权益和特殊利益。要抓好集体合同和女职工权益保护专项集体合同的落实实施和履约检查，实现好、维护好、发展好女职工的切身利益，进一步激发和调动女职工的积极性和创造性，促进融合和发展。

三、创新社会维权机制建设，和谐解决劳动争议

工会女职工组织是广大女职工合法权益的代表者和维护者，在劳动关系协调处理过程中，是不可替代的角色。随着经济全球化、企事业经营方式的多元化、职工就业选择的多样化和劳动关系的日趋复杂化，在一些地方和企事业，歧视妇女和侵犯女职工权益的现象时有发生，如就业招聘中的性别歧视，收入分配上的同工不同酬，劳动安全卫生中女职工特殊权益保护措施不到位，生育保险和女职工"四期"保护的被忽视，等等。由此引起的劳动争议增多，影响劳动关系的和谐稳定。各级女职工组织一定要从实际出发，及时了解、掌握纠纷争议的情况，参与争议协商调解，代表女职工积极与企事业方协调，及时化解矛盾，维护劳动关系和谐稳定。按照实施职工社会化维权工作的要求，健全社会化维权平台和维权信息网络、法律援助帮扶网络，提高社会化维权工作的能力和覆盖面，为女职工劳动争议的协调处理工作提供有力保障。要进一步强化工会劳动法律监督工作，加强与政府、政府部门、企事业的沟通，妥善处理执法过程中可能出现的各种问题，协调劳资双方的利益平衡，促进劳动关系的和谐发展。要大力推行企事业履行社会责任向职代会报告制度，促进企事业自觉承担

和履行应负的社会责任，营造有利于企事业、女职工、社会和谐发展的良好氛围，推进企事业社会责任体系和信用体系建设。

四、转变观念、开拓创新、提高素质，增强自我维护能力

开展女职工素质提升工程，是维护女职工合法权益、服务女职工的基本要求。现代社会，知识更新之快，令人始料不及，适者生存，不适者淘汰。女职工要想在社会获得一席之地，就必须提高自身素质。工会女职工组织要通过开展一系列的以"提高素质，争当学习型女职工"为主题的活动，并通过业余学习、岗位练兵、岗位培训、技术比武、业务考核、合理化建议活动等形式，为女职工提供施展才华的平台，提高女职工综合素质。要教育女职工解放思想，更新观念，树立正确的世界观、人生观和价值观，树立社会主义核心价值观。提高分析问题、判断是非的能力，克服等、靠、要的思想，以开拓创新的精神勇敢地面对改革，克服弱点，战胜自我。要教育女职工努力提高心理素质，克服传统女性角色带来的自卑心理和依赖心理，增强自信心，树立敢作敢为、善做善为的理念，实现心理素质的自我更新。要加强业务技能培训，使女职工在干好本职工作的同时，多学一些技能。在"干什么学什么、缺什么补什么"的原则下，多渠道组织女职工学文化、学科学、学技术、学管理，提高知识水平，掌握劳动技能，最大限度地施展自己的才华。要注重主人翁意识和敬业精神的培养，教育女职工想主人事、说主人话、干主人活，艰苦奋斗，无私奉献，引导女职工积极参加素质提升活动，在竞争中增长才干，在挑战中施展才华，以作为求地位，以贡献求发展，使女职工凭真才实学和实力维护自己的权益。

五、创新依法维护女职工权益的新途径、新方法

长期以来，维护女职工合法权益力度不够一直是困扰女工工作的一大难题。女工干部素质的高低，尤其是法律素质的高低是依法维权的一个决

定性因素。工会应多组织女职工学习和宣传与女职工权益有关的法律，如《劳动法》《劳动合同法》《妇女权益保障法》《女职工劳动保护特别规定》《民法典》，使各级女职工组织和广大女职工知法、懂法，并更好地用法。应通过专题讲座、法律知识竞赛、典型案例分析、心得交流、问卷调查等多种形式，使广大女职工了解法律赋予的权益，学会用法律的武器维护自身的合法权益和特殊利益，增强自我维护的自觉性。建立法律咨询服务制度，如开设和公开维权监督电话，接待女职工来电、来访，接受女职工群众的举报，及时调查解决反映的问题，工会女职工工作干部应该努力学法、懂法，为受到侵害的女职工提供法律咨询服务，指导其运用法律武器捍卫自己的利益，尤其是为那些特困单亲女职工提供法律援助。工会应依法开展维护女职工合法权益的工作，并依法规范自身行为，使女职工维权工作逐步、完全地纳入法治的轨道。

六、进一步加大对困难女职工的帮扶工作力度

困难女职工作为困难职工群体中的特殊群体，有着来自精神、经济和家庭等方面的多重压力。各级工会女职工组织要高度重视困难女职工的帮扶工作，进一步加大帮扶力度，将其纳入千万农民工援助行动、家政服务工程、阳光就业行动、"金秋助学"、帮扶（服务）中心、送温暖等各项工会帮扶项目和帮扶工作体系，为更多的困难女职工提供帮助。要更加突出失业女职工、单亲困难女职工和女农民工等帮扶重点，广泛开展"姐妹献爱心"、结对帮扶、对口帮扶、爱心助学等活动，不断完善帮扶措施、拓展帮扶领域、提高帮扶水平。要建立完善困难女职工的工作联系制度，摸清底数、建立档案，通过定期走访、捐款捐物等方式，帮助困难女职工特别是单亲、特困、特病女职工及家庭解燃眉之急，加强对她们的心理疏导和人文关怀，多为她们做好事、解难事、办实事。

第三节　围绕自身建设求创新

打铁先要本身硬。各级工会女职工组织要不断加强自身建设，扩大工会女职工组织覆盖面，持续焕发基层工会女职工组织活力，着力加强工会女职工干部队伍作风建设，进一步提升工会女职工组织的吸引力凝聚力战斗力。

一、积极探索女职工组织建设的新模式、新途径

推进新时代工会女职工工作的首要任务是最大限度地把女职工组织起来。随着改革开放的不断深化，大批外资企业、非公企业和改制企业、社会组织迅猛发展，职工队伍结构、就业形态等也发生了很大变化，工会女职工组织建设面临艰巨任务。组织建设不到位，其他工作也就无从谈起。

一要维护女职工参加和组织工会的权利，特别要最大限度地把新就业形态的女性劳动者组织到工会中来。

二要继续坚持把加强基层组织建设作为工作的着力点，按照全总有关文件要求，抓住实施"双措并举、二次覆盖"的契机，以推进非公和改制企业、新经济组织、社区（村）女职工组织建设为重点，通过工会组建带动女职工组织建设，积极探索新的组织形式和工作模式，不断扩大女职工组织的覆盖面。

三要坚持创新，不断探索，积极推行同步直选。工会女职工委员会与工会委员会同步组建、同步选举在我国大部分的地方已经进入规范操作、常规运行的发展阶段，为了使女职工组织建设向纵深发展，应积极推行女职委主任直接选举工作。女职工自己选的女职委主任群众基础好、亲和力强，对做好女职工工作有重要的意义。

四要切实加强对基层工作的指导、检查和考核，大力推动制度建设和规范化建设，及时总结推广经验，促进基层工会女职工组织发挥作用，实

现组织覆盖、工作覆盖和服务覆盖，把工会女职工组织努力建设成为组织健全、充满活力、服务高效、广大女职工满意的组织。

二、着力提高女职工干部的素质

女职工干部是女职工工作的具体从事者和女职工组织职责的具体执行者。工会女职工工作者素质的高低，直接关系工会女职工工作创新发展的水平。要实现工会女职工工作的理论创新、体制创新和工作创新，进一步树立工会女职工工作者良好的社会形象，广大女职工干部一定要做到如下方面。

（一）坚持用科学理论武装头脑

工会女职工干部要以习近平新时代中国特色社会主义思想武装头脑，增强"四个意识"、坚定"四个自信"、做到"两个维护"，不断提高政治判断力、政治领悟力、政治执行力，始终在思想上、政治上、行动上同以习近平同志为核心的党中央保持高度一致。

（二）树立求真务实，开拓创新的工作作风

广大女职工工作干部热爱工会事业，善于联系群众，是一支能吃苦、能奉献、能战斗的队伍，但同时要看到存在工作不够深入、调研和解决问题少等现象。广大女职工干部要大兴密切联系职工群众之风，创新联系群众方式，把工作重心向基层下移，把工作资源向基层倾斜；要大兴调查研究之风，制订并实施调研计划，每年拿出一定时间深入基层，尤其要深入问题较多和女职工集中的企事业，实地了解女职工的疾苦，反映女职工的意愿，在调查基础上形成有分量的研究报告，为政府决策提供依据；大兴求真务实之风，真抓实干、务求实效、开拓创新，强化面向基层工作的分类指导服务，实实在在为基层解决困难；准确把握女职工最关心、最直接、最现实的利益问题，在查实情、出实招、办实事上下功夫。

（三）要提高工作创新的能力

要适应形势发展需要，开创工会女职工工作新局面，女职工干部要着

力于解放思想、开拓创新，要坚持用马克思主义中国化最新成果武装头脑，确保工会女职工工作始终沿着正确的方向健康发展；切实加强理论学习，不断提高用马克思主义的立场、观点、方法观察、分析、解决问题的能力，以科学的方法论完善创新思维方式。广阅博览，从狭隘的观念中解放出来，以丰富的知识储备丰富创新的思维方法。

（四）要保持勇于开拓创新的精神状态

我们所处的时代是一个瞬息万变的时代，推进女职工工作创新没有现成的经验、模式可资借鉴、利用，更需要我们有与时俱进、勇于创新的精神和品质，关注发展变化，紧跟时代步伐。广大女职工干部必须树立正确的世界观和价值观，以高度的主人翁精神、政治责任感和主动性，培养工作激情，自定目标，高瞻远瞩，百折不挠，以高涨的工作热情激发创新动力。要通过相应的教育工作，提高女职工的维权意识和维权能力，引导女职工尊法、学法、守法、用法，利用法律武器维护自身的合法权益。

三、创新女职工组织的工作机制

（1）要善于整合社会资源。习近平总书记指出，各级党委要加强和改善对工会的领导，注重发挥工会组织的作用，健全组织制度，完善工作机制，加大对工会工作的支持保障力度，及时研究解决工会工作中的重大问题，热情关心、严格要求、重视培养工会干部，为工会工作创造更加有利的条件。这就为工会工作包括女职工工作进一步改善条件和环境提供了有力支持。多年来，在各级党政高度重视和工会领导的大力支持下，工会女职工工作有为有位，地位和作用不断提高，覆盖和影响不断扩大，工作条件和环境也得到了很大改善，为女职工工作的顺利开展提供了有效保障。但是也要看到，有的地方特别是一些基层工会仍存在着忽视女职工工作的现象，没有把这项工作摆上应有的位置，女职工委员会的作用得不到充分发挥；女职工工作的力量、资源和手段相对有限，不能完全适应新形势新任务新发展的需要。工会女职工组织要增强机遇意识、整合意识和宣传意识，进一步开阔眼界、开阔思路、开阔胸襟，抓住新时代加强党的群众工作的有利时机，主动争取各级党政、工会领导和社会各界对女职工工作的更大支持，进一步加强工作协调和资源整合，努力形成社会化工作新格局。一要进一步整合内部资源。目前女职工组织建设、专项集体合同和困难帮扶等工作都纳入了全会统一部署。二要继续坚持同步推进的原则。在已有工作基础上，进一步加大与工会各有关部门的协调力度，争取各部门对女职工工作的更加认同与配合，从实际出发把更多资源向女职工倾斜。三要立足于工会现有的组织和经费优势，进一步开发内部资源，推动女职工工作项目化实体化，为女职工和基层女职工工作提供更有效的支持与帮助。

（2）借助社会媒体资源，营造社会氛围。工会女职工组织存在宣传意识不够强、声音不够响、社会影响力不够大的问题，要进一步强化工会女职工工作宣传力度。既要密切与工会宣传主管部门的配合，最大限度发挥工会自身宣传优势，又要主动与各主流媒体、新闻单位联系，尤其是现在影响比较大的网络媒体，充分运用好社会宣传资源。要积极推动女职工工作网站和信息员队伍建设，逐步完善宣传工作机制，形成上下联动的宣传工作格局，不断扩大工会女职工工作的社会影响力。

（3）要进一步优化外部环境。女职工工作既是工会全局工作的一部分，又是社会工作的重要组成部分，需要运用社会力量，营造党政支持、多方协作、共同推进的良好氛围。工会女职工组织要主动加强与人大、政协和政府有关部门的联系沟通，推动有关单位更加关注女职工的特殊权益保护，采取有效措施解决女职工发展与维权服务中的突出问题；主动争取妇联的工作指导和帮助，发挥好团体会员的作用；加强与社会各界的协作配合，形成整体工作合力。

（4）构建开放式的工作格局，要进一步争取有力支持。各级工会女职工组织要自觉接受党的领导，及时向各级党政工领导汇报工作，多做协调沟通、争取支持、开发资源、优化环境的工作，并通过扎实有效的工作实绩赢得各级领导对女职工工作的更加重视与支持。各级工会组织要高度重视女职工工作，切实加强对女职工工作的领导，将其列入议事日程，按照有关规定，选配好女职工工作干部，落实好相关待遇，保证必要的工作经费，支持女职工组织富有特色地开展工作和活动，做女职工组织和女职工工作干部的坚强后盾。

随着经济社会发展和劳动关系的新变化，做好组织、引导、服务女职工和维护女职工权益的各项工作责任更为重大、任务更加繁重。各级工会要为女职工工作的顺利开展提供更多人力、物力、财力支持，为女职工组织充分发挥作用创造更加有利条件。各级工会女职工组织和广大工会女职工工作者要切实担负起"娘家人"责任，鲜明突出维权、服务两个主题，创新工作载体，改进活动方式，积极回应广大女职工的新期待，依法维护女职工合法权益和特殊利益，竭诚为女职工服务。要注重发挥先进典型的引领示范作用，培养选拔一批具有鲜明时代特征和社会影响力的女劳模、女工匠、女技术能手、女科学家和女企业家等行业领军人物，在全社会彰显女性风采。

思考题

1. 女职工组织在新时代面临哪些新挑战？

2. 简述以与时俱进的精神创新女职工工作。

3. 女职工组织建设如何创新？

4. 如何围绕履行职责创新工会女职工工作？

5. 如何围绕自身建设创新工会女职工工作？

【案例1】

宁夏中卫：工会爱心妈咪小屋为女职工提供温馨港湾

2023 年 8 月 13 日　来源：中工网

对于处于孕期、产期和哺乳期的职场女职工来说爱心妈咪小屋是一个非常温馨的存在。近年来，宁夏中卫市总工会坚持把爱心妈咪小屋建设作为"我为群众办实事"实践活动的重要内容之一，从女职工需求出发，因地制宜、积极筹备、合理选址，高标准建设合理化使用。先后建成中卫市人民医院、中卫市中医院等 17 家爱心妈咪小屋，惠及全市职场女职工 10 万人次，极大地方便了职场女职工的生活。

职工有需求，工会有回应

全面贯彻落实自治区党委、人民政府《关于优化生育政策促进人口长期均衡发展的实施意见》《宁夏妇女发展规划（2021—2030 年）》，积极开展调查研究，摸清女职工需求，采取基层自建、市县（区）帮建、区总扶持的方式，在人流密集的大型商场超市、政务服务中心（办事大厅）、医院、车站、机场、旅游景点等公共场所中建设，按照"四有"标准（有统一标识、有场地设施、有管理人员、有规章制度）建成的妈咪小屋需符合空间独立、安全卫生、温馨舒适、方便实用的基本要求，以满足女职工的多样化需求。

服务有场地，内容多样化

全市各级工会有效利用医院、车站、商场等阵地资源，选取部分职工之家、职工活动场地等适合创建妈咪小屋的场地，作为妈咪小屋的创建服务点，开展多样化服务，并根据女职工需要积极开设了女职工孕期、产后哺乳和产后盆底康复等问题的咨询和解答，女职工心理健康咨询、婴幼儿早期发展指导等服务，让工会爱心妈咪小屋真正成为女职工们的温馨驿站。

资金有保障，服务有成效

持续把工会爱心妈咪小屋建设作为"我为群众办实事"实践活动的重要内容，立足各地实际，对有创建爱心妈咪小屋条件的单位进行现场指导，每年在全市打造 1~2 个自治区级工会爱心妈咪小屋，积极争取自治区总工会资金支持，给予命名的自治区级工会爱心妈咪小屋每个 2 万元补助资金。目前，全市有 15 个爱心妈咪小屋被命名为自治区级示范性工会爱心妈咪小屋。标准化妈咪小屋面积不少于 10 平方米，室内配有冰箱、微波炉、饮水机、洗手台、婴儿床、沙发、休息椅凳、置物柜、挂衣架、电动吸奶器、一次性储奶袋，宣传书册，宣传展板、垃圾桶、消毒湿巾、纸尿裤等。同时，配有专（兼）职人员进行服务和管理，每天进行清洁消毒通风等工作，并对使用人员进行登记，为哺乳的妈妈和婴儿提供了舒适的哺乳环境。

下一步，中卫市总工会将围绕新时期女职工"五期"保护的新需求，不断扩大工会爱心妈咪小屋的覆盖面，拓展服务新内容，为女职工提供精准化服务水平，不断加快推进女职工权益维护工作，在妈咪小屋建设、女职工合法权益维护、女职工身心健康服务等方面积极探索新作为，回应女职工对美好生活的新需求，不断拓展延伸女职工服务范围，更好地体现职工"娘家人"的温暖，为"工会服务在身边"品牌保驾护航。（中卫市总工会微信公众号）

【案例2】

情系女工暖人心，凝心聚力共筑梦
——西双版纳州女职工工作在突破创新中亮点纷呈

2023 年 6 月 20 日　来源：西双版纳工会

西双版纳州总工会女职工委员会紧紧围绕中心，服务大局，以提高女职工素质、维护女职工合法权益、提升女职工生活品质为重点，着力推动西双版纳州新时代工会女职工工作高质量发展，以实际行动践行党的二十大精神。

思想引领有新共识

举办"喜迎二十大　奋进新征程　凝聚'她'力量　芳华新时代"女职工宣讲会，6 名优秀女职工代表分享先进事迹，讲述自己立足本职岗位、服务广大群众的感人情怀和心路历程，其中，全国"最美公务员"、"双百政法英模"、全国三八红旗手玉喃溜，分享从事检察工作 13 年来点点滴滴，始终践行人民至上的理念，办理刑事案件 1700 多件，把 1900 多名罪犯绳之以法，赢得边疆少数民族群众的赞誉。组织全州开展女职工主题阅读活动，带动广大女职工参与主题阅读活动，推荐征文、家书、书画、摄影、表演作品 30 篇（件、部）参加省女职工主题阅读评选活动，女职工阅读获奖 27 人，让广大职工在阅读中汲取了营养。开展"玫瑰书香·心向未来"诗歌朗诵比赛，甄选 6 个视频作品参加省女职工诗歌朗诵比赛，获得省级二等奖 1 个、三等奖 1 个。

队伍建设有新突破

以产业工人队伍建设改革、职业技能提升行动为契机，整合省、州、县培训资源，线下线上开展适应女职工特点和需求的职业技能培训，促进广大女职工学技术、提技能、强素质，努力建设知识型、技能型、创新型女职工队伍。组织女职工参加"喜迎二十大——会聚巾帼·智创未来"首届云南省女职工创客（创新创业创造）大赛。举办了西双版纳州第二届"雨林英才"技能大赛，600 余名女职工参加了茶艺、评茶、医师、美容师、水生物病害防治、导游、橡胶割胶、护理等 15 个工种的技能竞赛。组织开展西双版纳州采茶、炒茶、医师、护理、幼儿教师等 8 项劳动竞赛，参赛职工达 5000 余人，其中女职工达 3000 人。选树命名西双版纳州技术状元、技术能手。选树命名女职工 10 名技术状元、14 名技术能手，充分发挥先进典型示范引领作用，激励广大女职工为推动经济社会高质量发展争创一流、建功立业。

权益维护有新保障

充分利用公众号、女职工 QQ 群、微信群等互联网平台进行普法宣传，印发《云南省女职工劳动保护特别规定》《女职工专项集体合同参考文本》等宣传资料 5000 余份，推动女职工法律法规进基层、进机关、进社区、进企业、进车间。以《民法典》、性别平等、婚姻家庭、女职工权益保护法律法规等为切入点，组织基层工会开展女职工法律法规讲座 20 余场。同时，组织职工积极参与全国职工线上法律知识竞赛活动。指导基层工会签订女职工专项集体合同，联合人社部门深入企业，指导签订女职工专项集体合同，共签订合同 20 余份，覆盖职工 2000 余人。

女职工期盼有新回复

为全州困难女职工、新就业形态女性劳动者、女性环卫工和家政服务员 143 人进行免费"两癌"筛查。立足需求导向、普惠共享，举办茶艺、糕点、花艺、香篆等 8 期女职工素质提升培训，引领女职工生活品质稳步提升。举办"会聚良缘"职工交友联谊活动 4 场，累计 440 人参加活动，28 人成功牵手。引导树立积极健康的联谊婚姻价值观。通过工会牵头、企业助力、社会组织参与三方共同协办的新模式，全州开办"会暖春芽"暑假爱心托管班 10 个，192 名职工子女参加托管，特别为参加疫情防控守边驻边突击队员、乡村振兴工作队员职工子女开设专班，既有效解决了职工子女无人照管的后顾之忧，又为疫情防控、乡村振兴做好后勤保障，得到党委政府充分肯定，也得到广大职工高度赞誉，希望职工子女托管工作长期、广泛开展。完成命名"云南工会爱心妈妈屋"4 个。切实帮助女职工解决生育后顾之忧，进一步推动工会女职工组织做实做细女职工关爱服务工作。（吴雁平）

第九章

深入实施女职工提升素质建功立业工程

深入实施女职工提升素质建功立业工程，是工会女职工组织服从服务于党和国家工作大局的必然要求，也是工会女职工组织的基本任务。工会女职工组织要进一步提高对新时代深入实施女职工提升素质建功立业工程重要性的认识，团结动员广大女职工为全面建成社会主义现代化强国贡献力量。

第一节　提高女职工素质的重要性和必要性

女职工是职工队伍的重要组成部分，是推动中国改革开放和现代化建设的重要力量。提高女职工队伍整体素质，特别是技术技能水平，有利于进一步调动广大女职工参与经济社会建设的积极性、主动性和创造性，使女职工中蕴藏的创造活力和聪明才智得到充分体现；有利于进一步弘扬劳模精神、劳动精神、工匠精神和工人阶级伟大品格，推动形成尊重劳动、尊重知识、尊重人才、尊重创造的良好社会氛围；有利于进一步促进高素质女性人才的培养，造就一支适应现代化建设要求的女职工队伍，在推动高质量发展、全面建成社会主义现代化强国、全国推进中华民族伟大复兴的伟大实践中，充分发挥女职工的主力军作用。

一、提高女职工素质是落实科教兴国、人才强国战略和创新驱动发展战略的具体实践

实施科教兴国和人才强国战略，是我们党根据新世纪新阶段国际国内形势的深刻变化，适应党的历史任务要求而作出的重大决策。党的二十大报告强调，"教育、科技、人才是全面建设社会主义现代化国家的基础性、战略性支撑。必须坚持科技是第一生产力、人才是第一资源、创新是第一动力，深入实施科教兴国战略、人才强国战略、创新驱动发展战略，开辟发展新领域新赛道，不断塑造发展新动能新优势"。

当今和未来的国际竞争，说到底是人才的竞争。谁拥有更多更好的人才，谁就能在竞争中取得主动，赢得未来。我们要取得人才竞争的主动权，就必须大力实施人才强国战略，加强和改进人才工作，进一步形成育才、引才、聚才和用才的良好环境与政策优势。

落实党和国家科教兴国、人才强国战略，创新驱动发展战略，就要重

视大力提高女职工队伍素质，因为她们是妇女群众中的先进部分，是先进生产力和先进文化的代表。加快提高她们的素质，不仅对我国妇女事业的进步、对改革开放和现代化建设事业的发展，而且对整个人类进步都将产生深远影响。因此，培养和造就能够运用现代科技知识、掌握较高劳动技能和具有创造才能的高素质女职工队伍，是全面建设社会主义现代化国家和实现中华民族伟大复兴的根本大计和重要保证。广大女职工只有紧跟时代步伐，牢固树立终身学习新理念，不断学习新知识、掌握新技能、增强新本领，才能使自己成为具有先进阶级理想、社会主义道德、现代文化科学知识和严格组织纪律的高素质的人才。

二、提高女职工素质是实现女职工自身价值的重要举措

随着改革开放的不断深入和社会主义市场经济体制的不断完善，广大女职工渴求知识、谋求发展、实现人生价值的愿望越来越强烈，提升自身素质的意识和热情日趋高涨。女职工只有充分认识学习的重要性和紧迫性，牢固树立终身学习理念，提高学习力，在本职岗位上充分发挥劳动技能和创造智慧，才能在以知识技能为资本的市场竞争中赢得主动权，在为国家经济社会发展做出贡献的同时，进一步实现自身价值。

为适应新形势发展需要，建设一支高素质的女职工队伍，2003 年全国总工会女职工委员会四届一次会议决定，在广大女职工中大力实施女职工素质提升工程，号召广大女职工把自己的岗位当成奉献社会的窗口、提升素质的基地和实现人生价值的舞台。2004 年 9 月，全国总工会女职工委员会下发《关于实施"女职工素质提升工程"指导意见》（总工女委〔2004〕2 号），把女职工素质提升工程作为开展"创建学习型组织，争做知识型职工"活动的重要载体，引导广大女职工努力适应形势发展和科技进步的需要，成为顺应现代化要求的新型劳动者。2009 年 2 月，全总女职工委员会五届一次会议又进一步强调了开展"女职工建功立业工程"和"女职工素质提升工程"的重要性，并提出了进一步推进的任务，不断为女职工素质提升工程注入新的活力。为引导女职工为实现"两个一百年"

奋斗目标、实现中华民族伟大复兴的中国梦建功立业，2015年10月9日，中华全国总工会女职工委员会颁布了《关于新形势下深入实施女职工提升素质建功立业工程的意见》，明确了深入实施女职工提升素质建功立业工程的指导思想、目标任务、活动内容和工作要求。

三、提高女职工素质是增强女职工社会竞争力的有效途径

社会主义市场经济的发展向女职工提出了挑战，也带来了机遇。从长远看，机遇大于挑战，市场经济不排斥妇女，而是优胜劣汰，随着劳动用工制度的改革，产业结构的调整和女职工素质的提高，社会将为女职工提供更多的机遇，使女职工流向能够发挥自己的特点和专长的职业岗位。但是，在新的经济体制下，用人单位在招聘中有了自主权，对应聘人员提出种种要求，这时，性别歧视就表现得较为明显。一是许多岗位直接表明不要女性；二是提高了女性录用标准；三是所聘女性从事的也大多为辅助性工作，如公关、文秘、宾馆、饭店服务员等，而经营管理等较高层次的高级雇员则以男性为多，这种招聘中的性别差异，直接限制了一些女性的发展。另外，企事业要减员增效，在减员对象中，女性往往处于首当其冲的位置。女性就业、择业难，女大学生就业难等问题，使妇女群体面临着严峻的考验。如果女职工素质较低，将严重影响女职工的发展、社会的发展。因此，在新时代，大力提高女职工的文化科技水平，提高广大女职工的文化素质显得尤为迫切。

女职工只有充分认识大力提高自身素质的紧迫性和重要性，树立终身学习理念，通过努力提高思想道德素质、科学文化水平和业务能力，才能在激烈的竞争中立于不败之地，在本职岗位上充分发挥劳动技能和创造智慧；才能在创造幸福和美好未来的征程中，谱写新的光辉篇章，展现女职工以贡献求地位、靠创新谋发展的时代精神，在为经济社会发展做贡献的同时，进一步实现自身价值。

第二节　提高女职工素质的目标任务和基本内容

女职工素质是指女职工在思想、科学、文化、技能、心理和生理等方面的整体素质，是品质、气质、能力、水平等诸多要素的总和，是决定女职工自身发展的重要条件。

一、目标任务

进一步加大女职工教育培训力度，充分发挥女职工培训阵地作用，培养和造就一支适应时代发展要求、具有开拓创新能力的高素质女职工队伍；进一步引导女职工投身劳动和技能竞赛、技能比武、发明创造等经济技术创新活动，为推动企事业高质量发展建功立业；进一步创新活动载体，丰富活动内涵，打造形式多样、贴近女职工的工作品牌，搭建起女职工提升素质建功立业的服务平台；进一步弘扬劳模精神、劳动精神、工匠精神，发挥先进女职工示范带动作用，引导女职工在推动经济高质量发展和社会和谐稳定中彰显巾帼风采。

二、基本内容

（一）提高女职工思想道德素质

提高女职工的思想道德水平是提高女职工整体素质的基础。对女职工思想道德教育的内容，应根据党和工会在不同时期的任务和女职工的思想状况来确定。在新时代，就是要以马列主义、毛泽东思想、邓小平理论、"三个代表"重要思想、科学发展观、习近平新时代中国特色社会主义思想为指导，不断增进广大女职工对新时代党的创新理论的政治认同、思想认同、情感认同。深刻领悟"两个确立"的决定性意义，增强"四个意识"，坚定"四个自信"，做到"两个维护"，在政治上、思想上、行动上同以习近平同志为核心的党中央保持高度一致。强化理想信念教育，深化中国特色社会主义和中国梦宣传教育，引导女职工坚定不移听党话、矢志不渝跟党走。要大力弘扬劳模精神、劳动精神、工匠精神，组织开展巾帼劳模工匠论坛、宣讲等活动，进一步发挥先进典型示范引领作用。要对女职工进行国情、形势和政策教育，使她们明确形势任务，坚定改革必胜的信心，以党和国家利益为重，发扬主人翁精神，积极支持改革、参与改革。要深入推进"四德""四自"教育，引导女职工继承和弘扬中华优秀传统文化，自觉培育和践行社会主义核心价值观。深化"中国梦·劳动美——女职工在行动"主题教育，引导女职工把实现个人理想、岗位建功立业与实现中国梦紧密结合起来，汇聚同心共筑中国梦的强大力量。要加强新时代家庭家教家风建设，倡导开展"培育好家风——女职工在行动"主题实践活动，推动社会主义核心价值观在家庭落地生根。要广泛开展面向女职工的普法宣传教育，引导女职工增强法治观念，做社会主义法治的忠实崇尚者、自觉遵守者、坚决捍卫者。

（二）提高女职工科学文化素质

为了适应现代科学技术发展和建设学习型社会、创新型国家的要求，女职工要掌握基本的自然科学知识和社会科学知识。在新时代，知识经济的发展将进一步推动就业结构的变革，传统的劳动力逐渐过剩，高新技术人才短缺。女职工只有不断提高科学文化素质，才能适应科学技术发展的需要，在改革的大潮中立于不败之地。工会女职工组织要充分利用工会女职工培训示范学校、女职工周末学校、流动课堂、网络课堂等，广泛开展科学文化知识的教育传播与普及，着力推出一批女职工培训精品课程，形成多渠道、多层次、开放式的女职工学习培训新格局，为女职工接受继续教育提供多样化途径，鼓励和帮助女职工提升学历层次。深入开展女职工读书活动，充分利用职工书屋，组织推荐好书、读书沙龙、征文、演讲等活动，引导广大女职工树立终身学习理念，激发和调动女职工获取知识、更新知识的积极性主动性。

（三）提高女职工技术技能素质

素质是立身之基，技能是立业之本。工会女职工组织要动员引导女职工积极投身大众创业、万众创新。围绕提高女职工技术素质、推动加快经济发展方式转变，根据行业和女职工特点，广泛开展女职工岗位创新技能竞赛，组织动员女职工积极参加岗位练兵、技能比赛、技术交流、师徒帮带等活动，不断拓展竞赛项目，扩大参与覆盖面，增强竞赛的实用性及实效性，为女职工切磋技艺、提升技能搭建平台。适应就业方式和企事业用工需求的变化，针对在岗女职工、下岗女职工、女大学生等不同群体开展多种类型的技术技能培训，提高技能培训的针对性和实效性，帮助女职工不断提高技术等级，为女职工就业、创业和发展创造条件。要推动构建女职工技能形成体系，加大在岗培训力度，完善技能人才激励政策，鼓励女职工在关键领域、核心技术上大胆创新、大胆突破；健全女性技能人才培养、使用、评价、激励制度，加快培养大批高素质女性劳动者和技术技能人才。推进女职工创新班组、创新团队建设，因地制宜地培育、选树女职工"创新工作室""创新示范岗"等，总结推广女职工优秀技术创新成果，积极争取将其纳入职工创新成果评选，促进女职工优秀技术创新成果的应用和转化，为女职工搭建施展创新才能的平台。

（四）提高女职工心理素质和体能素质

良好的心理素质和体能素质对于激发女职工参与经济社会建设的积极性、主动性和创造性至关重要。各级工会女职工组织要通过咨询辅导、服务热线、开展联谊活动等形式，深入开展"心理援助进企业"等活动，对不同群体的女职工开展心理关怀、婚恋关怀等服务，多途径、多形式向女职工传播心理健康新理念，帮助女职工解决实际问题，引导女职工保持健康积极的心态。要帮助广大女职工面对企事业改革改制、就业、生活等压力，及时调整心态；在工作、学习和生活中，建立良好的人际关系，妥善处理事业与家庭的矛盾，增强符合社会发展和岗位变化的适应能力和承受能力；增强心理调适能力，缓解职场心理压力，以积极健康的心态面对工作和生活；了解女性生理卫生常识和保健知识，掌握保护自身健康的基本方法，预防疾病。各级工会女职工组织还要针对女职工的心理和生理状况，开展女性健康知识教育和心理咨询等活动，帮助她们提高关爱生命与注重健康的理念，提高保健意识和健康水平。要组织女职工参加健康有益的文体活动，引导女职工树立科学文明的健康意识，不断提升体能素质。开展女性健康职业安全卫生知识教育，提高安全意识和职业健康意识，以积极的心态和健康的体魄迎接新的挑战。

（五）提高综合素质

随着现代社会的快速发展，职业女性的仪表气质、社交形象及自身修养越来越具有与其职业要求密切相关的社会意义。工会女职工组织应引导女职工通过得体的服饰、整洁的容貌、优雅的举止、成功的社交、丰富的内涵，塑造充满自信和魅力的职业形象，从而搭建起有助事业成功的桥梁。女性作为妻子和母亲的角色功能，其在家庭中处于特殊地位，也使职业女性的人生道路、职业生涯与家庭幸福有特殊密切的关系，女职工组织也要引导女职工正确处理事业与家庭的矛盾，通过举办知识讲座、开展家庭文化建设、创建文明家庭等多种形式，向女职工大力普及婚姻家庭科学知识教育，引导女职工建立知识爱情、知识婚姻和知识家庭，提高构建幸福家庭的能力，学会做事业和生活的强者。此外，女职工组织还要引导女职工树立文明健康科学的生活方式，追求高雅的生活情趣和生活格调，针对女职工的需求组织开展有益身心的各种文娱体育活动，寓教于乐、寓教于美，使女职工在丰富多彩的活动中陶冶情操，增长才干，强健体魄，促进女职工队伍综合素质的提高。

（六）坚持以劳模精神激励引领女职工建功立业

劳动模范是民族的精英，人民的楷模，是共和国的功臣，是最美的劳动者。在长期实践中，我们培育形成了爱岗敬业、争创一流、艰苦奋斗、勇于创新、淡泊名利、甘于奉献的劳模精神，崇尚劳动、热爱劳动、辛勤劳动、诚实劳动的劳动精神，执着专注、精益求精、一丝不苟、追求卓越的工匠精神。劳模精神、劳动精神、工匠精神是以爱国主义为核心的民族精神和以改革创新为核心的时代精神的生动体现，是鼓舞全党全国各族人民风雨无阻、勇毅前进的强大精神动力。要引导广大女职工大力弘扬劳模精神、劳动精神、工匠精神，树立辛勤劳动、诚实劳动、创造性劳动的理念，以"五一巾帼奖"争创活动为载体，在广大女职工中广泛开展学比赶超、创先争优等活动，发现、培育和宣传表彰活动中涌现出的先进女职工集体和个人，让劳动最光荣、劳动最崇高、劳动最伟大、劳动最美丽蔚然成风。通过先进女职工事迹报告会、巡回演讲、劳模大讲堂等形式，开展先进女职工进企业、进班组活动，用先进思想、模范行为感召和带动广大女职工，发挥各行各业先进典型、"最美人物"等的示范带动作用，激发女职工学习先进、追赶先进、争当先进的持久内生动力，引导女职工积极投身经济建设主战场，在平凡的岗位上争创一流。

第三节　提高女职工素质的工作要求和基本方法

一、工作要求

（一）加强组织领导

要进一步提高对新时代深入实施提素建功工程重要性的认识，与工会组织开展的各项创先争优建功立业活动有机结合，精心组织、统筹安排，周密部署、全力推进。要有效整合社会及工会系统资源，形成全会重视、社会关注、工会女职工组织推进的良好工作格局。

（二）增强工作实效

要重视对提素建功工程的工作指导、督导检查和调查研究，及时研究解决新情况新问题，探讨推进工作的思路，确保各项任务扎实推进，取得实效。要加强分类指导，针对新时代女职工队伍特点，坚持以问题为导向，以女职工需求为导向，积极回应不同女职工群体的新需求新期待，从实际出发，设计务实管用的载体，突出区域特色、行业特点和企事业需求，着力提高女职工的参与率。要不断丰富活动内涵、创新活动载体，使活动更加深入、更加务实、更加有效。

（三）加大宣传力度

要充分利用广播、电视、报刊等传统媒体和网络论坛、微博、微信、手机 APP 等现代传媒手段，采用通俗易懂、寓教于乐、贴近女职工的宣传形式，大力宣传深入实施提升素质、建功立业工程的重要意义，及时总结推广好经验好做法，充分发挥示范辐射和引领作用，形成女职工广泛参与的良好氛围，不断扩大新时代深入实施提升素质、建功立业工程的感召力和社会影响力。

二、基本方法

在长期的实践中，各级工会女职工组织结合实际，不断探索，大胆创新，总结出自我达标、建立和选树周末（业余）学校及女职工培训示范学校等提高女职工素质工作的经验和做法，并在实践中不断完善，显现出很大的吸引力和旺盛的生命力。在新时代，各级工会女职工组织要发扬成绩，开拓创新，不断探索提高女职工素质的有效方法。

（一）为女职工提升素质搭建平台

要适应市场经济的要求和女职工的实际，从工会女职工组织的特点和优势出发，针对不同行业、不同类型以及不同层面女职工的实际，通过素质达标活动、开办业余学校、召开现场交流会等形式，组织丰富多彩的素质教育和活动，寓学习于工作之中，寓教育于活动之中，学习工作化，工作学习化，以女职工喜闻乐见的形式，吸引女职工广泛参与。面向日趋增多的女农民工，大力开展以提升女职工综合素质为目标的各种职业技能培训。要帮助女职工通过专业技术考核取得相应的资格证书，晋升技术等级和职称，使学习成果得到认可并学有所用，以调动和发挥女职工获取知识、更新知识、提高能力的积极性和主动性，培养造就高层次人才，促进各行各业女职工人才的协调发展。

（二）开展主题教育

要利用"三八""五一""七一"等重要纪念日及重大历史事件等，在广大女职工中开展以为人民服务为核心，以爱祖国、爱人民、爱科学等为基本内容的理想信念教育，引导其自觉践行社会主义核心价值观。要结合党和国家的发展以及形势的要求，开展形式多样的主题教育，大力弘扬劳模精神、劳动精神、工匠精神和工人阶级伟大品格，以正确的舆论引导女职工，用崇高的精神塑造女职工，通过弘扬培育民族精神和加强职业道德教育，培养女职工高尚的道德情操和职业操守，促进形成团结互助、平等友爱、共同前进的和谐人际关系。

（三）开展读书自学活动

要结合生产、生活和女职工的实际，组织开展不同形式的读书活动，营造积极向上、清新高雅、健康文明的学习氛围，激发广大女职工阅读、书写、交流的热情。要丰富读书自学活动内容，鼓励女职工多读书、读好书，以优秀的作品武装和鼓舞她们。要坚持读书自学活动与全会开展的"创建学习型组织，争做知识型职工"相结合，与实施女职工提升素质建功立业工程相结合，与女职工本职工作相结合，与女职工自身需要相结合，着力提升女职工的学习能力，鼓励女职工学以致用，学习成才。要在女职工中营造全员学习、终身学习、团队学习和工作化学习、学习工作化的氛围，使越来越多的学习型、知识创新型女职工成长起来。

（四）充分利用各类社会教育资源

加强与党政有关部门和企事业的协调和沟通，密切配合、形成合力，为提升女职工素质工作创造有利条件和良好氛围。利用企事业、工会教育培训机构和社会办学条件，优化整合教育培训资源，加大对女职工教育培训和职业技能开发的力度，为完善女职工教育工作创造更好的条件，使工会女职工组织成为培养高素质女职工队伍的大学校。还要利用家庭、社区、校外等场所，组织女职工开展喜闻乐见的各种活动，发挥女职工组织的优势和特色，积极构建学校、家庭、社区三位一体的活动网络。

（五）丰富活动内涵，创新活动载体

各级工会女职工组织要根据不同地域、不同行业、不同所有制形式以及不同女职工群体的特点，适应企事业组织形式、经营方式、用工方式、分配方式、就业形态等多样化的要求，因地制宜，对活动的形式、内容、领域等方面进行大胆探索和创新，在继承传统活动模式的同时，积极探索新形式、充实新内容，使活动增强吸引力和生命力。要在观念创新、机制创新、思路创新和理论创新上下功夫，突出活动的针对性和实效性，不断创新活动的时代内涵，积极探索活动的有效途径。

要把活动重点领域从公有制企事业逐步向非公企事业发展，从传统产业向新兴产业延伸。活动重心要下移，以基层为主体，以班组为阵地，以岗位为重点。特别是在女职工相对集中的卫生、教育、纺织、服装、餐饮等行业，组织开展具有女职工特色的各类活动，坚持在继承中发展，在创新中前进，全方位、多领域、多层次、有重点地开展活动。

第四节　团结动员女职工为全面建成社会主义现代化强国建功立业

在新时代，各级工会女职工组织要积极地把广大女职工动员和组织起来，把她们的力量调动起来，智慧发挥出来，全力投入全面建成社会主义现代化强国的伟大事业中，团结动员广大女职工自信自强、守正创新，踔厉奋发、勇毅前行，为夺取新时代中国特色社会主义伟大胜利、实现中华民族伟大复兴的中国梦不断做出新的贡献。

一、党的二十大确定的目标任务为女职工施展才华、建功立业提供了广阔的舞台

（一）党的二十大确定的目标任务为女职工的发展提供了良好机遇

党的二十大报告指出："从现在起，中国共产党的中心任务就是团结带领全国各族人民全面建成社会主义现代化强国、实现第二个百年奋斗目标，以中国式现代化全面推进中华民族伟大复兴。"党的二十大提出的宏伟目标为女职工施展才华、建功立业提供了良好机遇。全面建成社会主义现代化强国的宏伟目标既涵盖了社会主义经济建设、政治建设、文化建设、社会建设和生态文明建设协调发展和社会全面进步的指标，又包括了妇女发展的主要目标；不仅集中体现了全国人民的根本利益，也符合女职工的发展需求，将为广大女职工的成长和发展奠定更加坚实的基础，给女职工带来更多的就业机会。女职工作为妇女的中坚力量，作为工人阶级的重要组成部分，是全面建成社会主义现代化强国的主力军。女职工通过参与经济社会建设，在获得平等的劳动权利和独立经济收入的同时，为国家做出了巨大贡献，得到社会的广泛认同，为女职工在经济和社会发展中充分施展才智提供了新的良好机遇。各级工会女职工组织应当引导教育女职工认清机遇、抓住机遇，乘势而上，在推进这一宏伟事业中，谱写出我国女职工运动辉煌的新篇章。

（二）党的二十大确定的目标任务为女职工搭建了更加广阔的舞台

女职工是社会主义现代化建设的主力军。近年来，女职工队伍不断发展壮大，她们分布在各行各业，用辛勤的汗水和勤劳的双手，为社会主义现代化建设彰显作为，以女性特有的柔韧和毅力，立足本职岗位，自强不息，艰苦奋斗，开拓创新，充分发挥了主观能动性和自身潜力，用自己出色的工作业绩展示着女职工的时代风采，成为社会主义现代化建设中不可忽视的重要力量。

女职工在发展社会主义民主政治、建设社会主义政治文明中发挥着重要

作用。作为社会的重要群体，女职工参与政治文明建设既是宪法赋予的权利，也是应尽的义务和责任。随着我国民主政治建设的不断加强，从法律上保证了女职工的权利，女职工参与政治文明建设的积极性显著增强。

女职工是先进文化的建设者。女职工以良好的道德修养、社会公德、家庭美德和文明守法的道德观，发挥着先进文化建设者和传播者的作用；在工作岗位上，以饱满的工作热情，爱岗敬业、争创一流、甘于奉献、诚实守信，发挥着越来越重要的作用。

女职工是促进社会和谐的重要力量。一直以来，广大女职工能够识大体、顾大局，遵守国家法律法规，维护改革发展稳定的良好局面，正确看待发展中面临的困难，以理性合法的方式争取自身合法权益和特殊利益的实现，与企事业同呼吸、共命运，成为和谐劳动关系与企事业发展的促进者、推动者。

二、在团结动员女职工为实现党的二十大提出的目标任务建功立业中充分发挥工会女职工组织的作用

（一）推进女职工生存发展的社会环境优化

工会女职工组织要加大对男女平等基本国策的宣传力度，推动社会成员增强性别平等意识，逐步消除对女职工的偏见和歧视。要充分利用民主参与、民主监督的渠道，积极向各级党政及有关部门就促进女职工的发展建言献策，努力消除女职工在发展中的障碍。一方面，要通过源头参与和宏观维护，保障女职工获得平等分享经济与社会发展成果的权利，力争将女职工发展各项指标纳入本地区经济和社会发展规划；另一方面，要引导女职工从维护党和国家的大局出发，正确对待改革过程中的矛盾和困难，妥善处理改革过程中个人利益的得失，自觉维护国家和社会的稳定。要进一步弘扬文明进步的妇女观，努力推动形成尊重女职工的社会风尚，坚决同歧视、侵害女职工权益的不良现象和违法行为做斗争，为女职工的发展创造良好的社会环境。

（二）保护和调动女职工在全面建成社会主义现代化强国中的积极性、主动性、创造性

保护和调动女职工在全面建成社会主义现代化强国中的积极性、主动性、创造性，对于充分发挥她们在经济建设和社会发展中的主力军作用至关重要。工会女职工组织要坚持把维护女职工的合法权益和特殊利益与调动发挥她们的积极性、主动性、创造性结合起来，通过参与立法和政策制定，反映女职工的意愿和要求；通过参与调查处理侵害女职工合法权益的案件和案例，最大限度地保护、调动和发挥广大女职工的积极性、主动性、创造性，并将其引导到全面建成社会主义现代化强国的伟大实践中来。

（三）为女职工建功立业搭建平台

按照新发展理念的要求，以推动高质量发展为引领，紧紧围绕经济建设中心，针对企事业发展的重点难点，组织和动员女职工为推进企事业发展和社会进步、实现全面建成社会主义现代化强国宏伟目标贡献智慧和力量；围绕全国总工会开展的职工经济技术创新活动，在广大女职工中广泛开展多种形式的劳动和技能竞赛，为提高企事业经济效益，促进经济社会持续、快捷、健康发展献计献策；根据女职工工作的特点，针对不同行业、不同所有制单位以及不同层面女职工群体，开展适合企事业需要、突出女职工特色的各种竞赛活动。通过丰富多彩和形式多样的活动，为女职工建功立业提供平台、创造条件、搞好服务。

（四）为动员组织女职工提供组织保障

团结动员女职工投身到全面建成社会主义现代化强国、全面推进中华民族伟大复兴的伟大事业中，首先要把她们组织起来。随着现代化建设的不断深入，我国女职工队伍不断发展和壮大，工会女职工组织要主动适应形势的发展，进一步加强女职工组织的自身建设，积极发挥女职工组织的作用，增强女职工组织的活力，最大限度地把包括女性农民工在内的女职工吸引到工会女职工组织中来，充分调动女职工的积极性、创造性和创造性，为女职工有组织地参与全面建成社会主义现代化强国、全面推进中华民族伟大复兴提供坚实的组织保障。

思考题

1. 提高女职工素质的重要性和必要性是什么？
2. 提高女职工素质的目标任务是什么？
3. 简述提高女职工素质的基本内容。
4. 提高女职工素质的基本方法主要有哪些？
5. 如何团结动员女职工为全面建成社会主义现代化强国建功立业？

【案例1】

安徽省国防邮电工会开展女职工素质提升系列活动

2023 年 5 月 4 日　来源：工人日报客户端

安徽省国防邮电工会组织系统部分女职工开展女职工素质提升系列活动，带领女职工开展"中国航天日"弋游展馆，举办"皖工之约"女职工大讲堂以及启动女职工"玫瑰书香　书润匠心"读书征文活动。

"这个是来自月球的土壤吗？""造一件宇航服要多少钱？"……在合肥滨湖国际会展中心，面对各式各样的展出物品，女职工对我国航天技术的飞速发展表示惊叹。

天问一号、长征三号乙运载火箭整流罩残骸、嫦娥五号返回器等展出物品让大家大开眼界，各种 VR 技术光影的奇妙结合更是梦幻绚丽，将大家的航天体验"拉满"。在模拟火箭发射时间的科普宣传展区，大家被大屏幕上跳动的倒计时所吸引，纷纷驻足抬头，凝视着大屏幕上的数字，"沉浸式"感受科学技术的脉动与力量。

在"皖工之约"女职工大讲堂上，安徽省妇幼保健院医生、合肥市乳腺病学会委员吴卉为女职工带来了一场生理健康讲座。她从生理结构、生活环境、生活习惯等方面，详细讲解了妇科疾病的预防以及治疗方法。安徽省人社厅养老保险处四级调研员牛丽为现场女职工讲解职工基本养老保险、职业年金和个人养老金等相关业务知识，解答她们在养老保险方面的疑惑。

结合开展"书香三八"读书活动，安徽省国防邮电工会决定启动女职工"玫瑰书香 书润匠心"读书征文活动，启动会上，女职工围绕征文活动纷纷发表自己的观点并提出建议。

"这两天活动下来，收获很大。虽然平时我对女性健康知识有一定了解，但是没那么系统，希望省国防邮电工会能多开展这样的系列活动。"来自中国铁塔安徽分公司的汪×说。

（工人日报-中工网记者 陈华 通讯员 陈诺）

【案例2】

黑龙江大兴安岭地区总工会女工委推进
女职工"素质提升创新成才"工程

2019 年 12 月 31 日 来源：中工网

在第七届全国和全省"书香三八"读书系列活动中，黑龙江省大兴安岭地区 1 名女职工获全国"书香三八"读书活动优秀奖；18 名女职工获全省"书香三八"读书活动 18 个奖项，其中 2 名女职工荣获一等奖，6 名女职工荣获二等奖，取得了历届最好成绩。这是多年来，大兴安岭工会组织推进女职工"素质提升创新成才"工程、注重女职工才艺培养取得的又一丰硕成果。

自第七届全国和全省"书香三八"读书系列活动开展以来，大兴安岭地区总工会女职工委员会高度重视，立即制订方案，活动中，大兴安岭地区总工会女工委领导结合全区女职工特点，认真落实，亲自部署，统筹安排；全区各级女职工组织积极响应，精心组织，分类指导。因活动设计贴近女职工学习生活实际，得到了广大女职工的热烈响应，全区 3300 余名女职工参与了此次读书活动。基层工会开展活动共收到征文、摄影、表演阅读类等参评作品 2800 余件，共有 14 个县（市）、区、局及企事业单位向女工委推荐了作品。本着优中选优、限量申报的原则，全区各地共向大兴安岭地区总工会报送征文（家书、调研文章）作品 192 篇、摄影作品 145 件、表演阅读类作品 18 件，申报读书之星 16 个、读书分享会 14 个。大兴安岭地区总工会女工委首先在全区进行了评选，共表彰征文、摄影、表演作品 62

件，读书之星 6 名，读书分享会 5 个。在全区评选的基础上，大兴安岭地区总工会女工委通过认真遴选，推荐征文、摄影、表演阅读作品共 23 件，读书之星、读书分享会各 2 个报送黑龙江省总工会女职工委员会参评。

据悉，由红旗出版社、中国妇女报社联合举办，以"逐梦新时代·巾帼绽芳华"为主题的全国第七届"书香三八"读书活动，开展了征文、家书、书画、摄影、表演、讲座、分享等形式多样、内容丰富的阅读活动。本届活动于 2018 年 12 月 1 日启动，至 2019 年 6 月 30 日截止，全国有 25000 多家单位、1000 多万女性朋友参加；组委会收到各地推荐参赛的征文、家书、书画、表演和摄影作品共计 100016 件，其中征文作品 53656 篇、家书作品 21205 篇、书画作品 9862 幅、摄影作品 12967 件、表演作品 2326 部。经国家、和黑龙江省知名作家、文学评论家、音乐家和摄影家评审，大兴安岭地区有 19 件作品在全国和全省数万件作品中脱颖而出，大兴安岭地区职业学院刘兴燕的家书《妈妈的眼泪》获全国优秀征文奖；大兴安岭地区公安局邵禹蒙等 4 人的配乐朗诵《秋瑾》和塔河县第三中学蒋靖东的征文《感恩母亲》分获全省表演和征文一等奖，另有 6 名女职工的征文、摄影、表演阅读等作品获省二等奖。

弘扬中华优秀传统文化和社会主义先进文化，充分发挥文化育人化人功能，大兴安岭各级工会女职工组织通过搭建平台，不断推进女职工"素质提升创新成才"工程深入实施，激励女职工全面修炼自己、提升素质、增长才干，奋力建功新时代，女职工"文化艺术节"和"书香三八"读书活动已成为大兴安岭地区总工会女工委培育女职工才艺的工作品牌。据统计，从 2013 年到 2019 年，女工委共开展了三次女职工"文化艺术节"主题实践活动和七届"书香三八"读书活动，累计有 85000 多名女职工参加，其中有 6 人获得全国总工会表彰，有 123 人和 6 个集体获得黑龙江省总工会表彰，有 509 人和 35 个集体获地区表彰，34 篇（件）作品被收入全总、黑龙江省总编辑出版的作品集，大兴安岭地区总工会女工委也多次被黑龙江省总工会评为优秀组织单位。

（潘蕴煜　李长军）

【案例3】

国网湖北电力公司工会系列举措关心关爱女职工

——关爱"她"成长　激发"她"力量

2023年4月4日　来源：中工网-工人日报

"感谢专家的耐心解答，我们感受到了工会实实在在的温暖。"日前，国网武汉供电公司女职工杨×在参加了该公司工会与空降兵部队医院联合开展的健康讲座暨义诊活动后表示。这是国网湖北省电力有限公司关爱女职工的系列举措之一。

多年来，国网湖北电力工会从多方面着手关心关爱女职工，积极为女职工建功立业搭建平台，全面提升女职工综合素质，充分发挥女职工"半边天"的重要作用。

搭建平台引领女职工岗位建功

国网湖北电力工会动员广大女职工广泛参与各类劳动和技能竞赛，持续激发女职工的劳动热情。同时，在政策、资金等方面加大扶持力度，带动更多女职工岗位创新、岗位成才。

国网孝感供电公司数字化工作部"双创"示范中心主任李芳亚率团队联合其他单位自主研发出智能涂覆机器人，解决了传统更换绝缘导线操作存在的停电时间长、安全风险大、改造成本高等问题。在李芳亚的带动下，该公司职工张依培、赵婉婷两位创新"娘子军"也取得了骄人成绩，她们所在的金牌电管家QC小组，通过协同攻关解决了目前市场化电费结算工作难题。

此外，还有武汉电网设计的"活地图"冯艳、服务千万家的"贴心电工"林丽、90后特高压线上的"女飞人"史明君……在该公司政策导向、资金扶持下，大批优秀女职工在各自岗位上发挥聪明才智，展示巾帼风采。

2022年，国网湖北电力1名女职工获全国职工安全生产法知识竞赛一等奖，1名女职工在湖北省第一届"数字工匠"职工技能大赛无人机操作员项目中获个人第一名，1名女职工荣获湖北省"安康杯"竞赛活动优秀个人称号。

特色活动展现女职工精神风貌

为丰富女职工的文化生活，国网湖北电力工会广泛开展文艺鉴赏、春季游园、风采展示等丰富多彩的线下活动。同时，通过微信公众号、线上讲座等途径开展插花艺术、百变丝巾、靓衣美橱、茶艺茶修、漫话咖啡等线上活动，帮助女职工放松身心。

"今天的活动很有意义，我们要学会快乐工作、健康生活，用实际行动感恩企业对我们的关爱。"3月2日，国网宜昌供电公司输电运检分公司女职工杨×在该公司举办的花艺主题活动中表示。当天，在花艺老师的讲解下，一盆盆色彩鲜艳、造型别致的花艺作品逐一呈现。

"无论处于什么年龄段都做一朵绽放的花，过上不被定义的人生。"在国网十堰供电公司举办的"她智慧"女职工读书会上，公司职工郭秋怡与同事分享了阅读感悟。

国网湖北电力工会生产生活处负责人介绍，该公司工会开展的"悦读行动"中，专门制订"玫瑰书香、一起向未来"女职工读书活动方案，开展女职工"最喜爱的十本书"线上评选，持续提升女职工素养。

持续关爱助力女职工自立自强

"我因为被客户投诉觉得很委屈，后来经过老师的疏导，感觉好多了。"3月1日，在湖北赤壁东风供电服务站活动室里，刚接受完心理疏导的赤壁供电服务指挥分中心服务指挥班客户座席代表李×表示。国网湖北电力工会充分发挥"520职工心灵加油站"的阵地作用，为职工提供多元化的心理咨询、心理疏导等服务，不断提高女职工的心理健康素养。

为进一步保障女职工健康权益，该公司工会还组织女职工收听收看"两癌"防治等相关知识线上讲座。邀请省内知名医师开展各类女性疾病中医药调理及保健知识宣教。组织女职工走进"职工健康小屋"体验自助体检，提高女职工劳动安全健康意识。

"'女职工关爱室'打造了私密、舒适、安全的哺乳环境，让我们这些哺乳期的妈妈做到工作家庭两不误，真是帮了大忙！"说起"女职工关爱室"，国网湖北党校（管培中心）女职工邓沛竖起大拇指。

针对家庭困难女职工，该公司还积极开展帮扶慰问，推进女职工安康保险工作，让困难女职工切实体会到"娘家人"的温暖。

2022年，国网湖北电力工会建设女职工健康小屋45个，服务女职工6810人次。开展各类线上线下心理健康讲座63次，有效促进女职工身心健康。

（工人日报-中工网记者 张翀 通讯员 刘超 王艳丽）

第十章

进一步贯彻男女平等基本国策

男女平等是我国的基本国策。推进男女平等基本国策的贯彻实施，维护男女职工平等地享有各项权利，是工会组织特别是工会女职工组织的重要责任。

第一节 男女平等基本国策概述

男女平等和妇女发展是人类社会追求的崇高理想，是社会文明进步的重要标尺，是实现可持续发展的基本目标。党的十八大以来，以习近平同志为核心的党中央，从实现"两个一百年"奋斗目标和中华民族伟大复兴的中国梦的全局战略高度，对深入贯彻落实男女平等基本国策提出了新思想、做出了新部署、明确了新要求。党的二十大报告提出"坚持男女平等基本国策，保障妇女儿童合法权益"，这是继党的十八大、十九大之后，全国党代会报告再一次强调要为实现妇女平等依法行使民主权利、平等参与经济社会发展、平等享有改革发展成果提供政治保证，充分体现了以习近平同志为核心的党中央在新时代中国特色社会主义伟大事业中同步推进妇女儿童事业发展的政治主张，为进一步促进男女平等、开拓妇女全面发展提供了科学指导和行动指南。

一、男女平等基本国策的概念及内涵

（一）男女平等的含义

男女平等首先是指女性应该享有与男性平等的人格和尊严，反对任何基于性别的偏见和歧视，在性别问题上体现公平、公正、平等的社会价值观；其次，女性与男性在经济、政治、文化、社会、家庭等各个方面享有权利和机会的平等；最后，在经济社会发展过程中努力追求两性之间发展结果的平等。对于男女两性因生理差别而产生的特殊需求和利益，社会必须给予特殊的保护和照顾。男女平等基本国策的核心是男女两性平等而协调的发展，它不仅保障女性的生存权、人身权，更注重保障女性与男性同等的发展权。

（二）"基本国策"的含义

基本国策是一个国家为解决带有普遍性、全局性、长远性问题而确定的总政策，在整个政策体系中处于最高层次，规定、制约和引导着一般的具体法律政策的制定和实施，并为相关领域的政策协调提供依据。它的适用范围宽、稳定程度强，能够长时期起指导作用。国策的制定和执行属于国家行为，将男女平等确定为基本国策，实际上是将马克思主义妇女观倡导的男女平等的先进理念付诸政府的政策实践，是将我国宪法精神和国家政策高度一致化的具体体现。

（三）男女平等基本国策的内涵

"男女平等"是"基本国策"特指的范畴和目标指向，"基本国策"规定了"男女平等"政策的地位、性质和功能。其主要内涵包括：在承认和尊重性别差异的前提下追求男女平等；将保障女性实现发展的权利放到突出位置；给予女性必要的政策倾斜与保障；重视女性在整个经济社会发展中的地位和作用；鼓励女性在与男性的合作与协调发展中实现平等；从社会协调发展的高度来认识和解决女性发展与男女平等问题。

男女平等基本国策是促进女性与经济社会同步发展、男女两性平等协调发展、女性自身全面发展的一项带有长远性和根本性的总政策。

男女平等基本国策的提出，具有坚实的理论基础和充分的法律依据。马克思主义妇女观在中国的实践、传播和发展，党的历代领导集体关于马克思主义妇女观的深刻阐述，是男女平等基本国策的理论基础。

二、男女平等基本国策提出的国内国际背景

（一）国内背景

20世纪90年代，我国改革开放不断深化并进入一个新时期。党的十四大确立了建设中国特色社会主义市场经济的目标及"三步走"的发展战略，为我国妇女事业的发展带来了前所未有的历史机遇，也带来了一些挑战。正是基于对我国妇女发展状况的客观分析，从促进男女两性平等协调

发展，从而促进我国经济社会全面协调发展的战略高度，党和政府提出了男女平等基本国策。

（二）国际背景

20世纪中叶以来，妇女发展和男女平等问题越来越受到国际社会的普遍关注与重视。联合国自成立之初就在其宪章中明确规定男女平等原则，并在其组成机构中成立了妇女地位委员会。从20世纪70年代开始，国际妇女运动以"平等、发展、和平"为主题，形成了声势，从联合国到许多成员国的内阁，纷纷设立性别平等机构或顾问，对各项政策进行性别分析。联合国的各种会议和文件，不断地把妇女发展纳入其中。在第四次世界妇女大会召开前夕，联合国在有关文件中明确提出"把性别意识纳入决策主流"。男女平等在国际社会中不再被狭义地看作女权问题，而是人权问题、发展问题，把妇女问题作为解决社会、经济和环境等战略问题的重要组成部分。到20世纪末，妇女发展已经成为不可逆转的强大的世界潮流。正是在这样的背景下，中国政府在第四次世界妇女大会上提出男女平等基本国策。

三、男女平等基本国策形成的法律依据

目前我国已经形成了以《宪法》为依据，以《妇女权益保障法》为主体，包括其他法律法规在内的保障妇女权益、促进男女平等的法律体系，这是男女平等基本国策提出的法律依据。

新中国成立以来，我国在立法和司法实践中，坚持男女平等的基本原则，通过法律手段保护女性和男性享有平等的政治、经济、文化等各项权利，成为男女平等基本国策提出的法律依据。

我国宪法明确规定了男女平等的根本原则。1949年9月，中国人民政治协商会议制定的《中国人民政治协商会议共同纲领》具有临时宪法的功能，在总纲第6条中明确规定："妇女在政治的、经济的、文化教育的、社会的生活各方面均有与男子平等的权利。" 1954年，新中国颁布第一部

《宪法》，进一步明确规定："妇女在政治的、经济的、社会的和家庭生活各方面享有同男子平等的权利。婚姻、家庭、母亲和儿童受国家的保护。"以最高的法律形式，将男女平等纳入国家的根本大法。1982 年我国颁布的第 4 部宪法第 48 条规定："国家保护妇女的权利和利益。实行男女同工同酬，培养和选拔妇女干部。"

我国颁布的《妇女权益保障法》，是我国制定的第一部以宪法为依据、以马克思主义妇女观为指导的全面的、综合性保障妇女权益、促进男女平等的基本法律。它从我国社会主义初级阶段的实际出发，全面确立保障妇女权益的法律机制，通过各种保障性的、协调性的、制裁性的和补充性的条款，将现行宪法、法律及法规中有关男女平等、保护妇女权益的规定加以系统化和具体化。

《婚姻法》确立了男女平等、一夫一妻、保护妇女等基本原则。在 1980 年和 2001 年两次修改中，《婚姻法》根据形势的发展变化作出相应的调整，但其保护妇女儿童合法权益的原则一直不变。2001 年，针对当前婚姻家庭领域出现的重婚纳妾、草率结婚离婚、对待婚姻家庭不负责任、家庭暴力、单亲母亲贫困化、未成年人违法犯罪上升和低龄化等问题，在充分考虑妇女的意愿和妇联组织的意见的基础上，加大了对婚姻家庭领域中的违法犯罪行为惩处的力度，切实保障了妇女、儿童和老人的合法权益。

2020 年 5 月 28 日，十三届全国人大三次会议表决通过了《民法典》，自 2021 年 1 月 1 日起施行。《民法典》施行之日起，许多民事法律同时废止，其中就包括《婚姻法》。民法典第 5 编 "婚姻家庭" 以原《婚姻法》《收养法》为基础，结合社会发展需要，修改完善了部分规定，并增加了新的规定。其中明确规定 "实行婚姻自由、一夫一妻、男女平等的婚姻制度。保护妇女、未成年人、老年人、残疾人的合法权益"。并对婚姻家庭中男女平等作出系列制度设计。

我国其他各项专门法都对男女平等、保护妇女特殊权益做出明确的规定，而且随着形势的发展变化进行相应调整。《民法典·继承编》明确规定继承权男女平等，妇女享有拥有、管理、处理财产的权利。妇女在取得应继承的遗产后，有权携带财产结婚或再婚，他人无权干涉。《中华人民共和国母婴保健法》明确规定了母婴保健的责任和义务，使妇女的健康水平和健康权益得到保障。近年来，在《中华人民共和国农村土地承包法》《社会保险法》《人口与计划生育法》以及企事业改革等有关法律法规的修改制定中，都充分考虑了对妇女特殊利益的保障，将涉及的妇女发展问题，通过法律总则和具体规范进行适时调整，充分保障妇女的平等权利和特殊利益得以实现。

将男女平等作为一项基本国策，强调的是国家意志的作用，具有权威强制性、普遍约束性、长期稳定性的特点。

第二节　男女平等基本国策确立的重大意义与贯彻路径

目前，社会性别平等已被纳入联合国的性别发展指标体系，对各国性别平等政策及平等机制的建立产生着深刻的影响。大力推进社会性别主流化的进程，对于促进妇女事业与经济社会同步协调发展、营造有利于两性平等和谐发展的社会氛围，具有十分重要的作用。

一、促进社会性别平等的意义

（一）社会性别平等是以人为本基本人权框架下的概念

社会性别平等的核心和最终目标是实现男女两性平等地参与社会发展并从中受益。实现社会性别平等，体现了以人为本，让男女两性更平等、更有尊严，是男女两性平等地获得人权的重要手段。通过使社会性别平等观念进入政府和相关的决策机构主流，将对女性和男性的关注作为在政治、经济和社会各领域中设计、执行、跟踪、评估政策和项目计划的不可分割的一部分来考虑，以使男女两个群体能平等受益，使两性更充分地享受生存与发展的权利。

（二）社会性别平等逐渐成为衡量一个国家和地区文明程度的标志

从国际社会的角度来看，社会性别平等已成为国际社会广泛的共识和努力推进的一种社会策略，正逐渐成为衡量一个国家或地区文明程度的重要标志。一个性别不平等的社会，预示着占人口一半的女性处于人为的不利环境之中，这既不利于女性的发展，也不利于社会的稳定、和谐与可持续发展。同时，性别不平等的国际评价，也会影响到国家的形象，会影响到国际社会对一个国家的认可程度。

（三）社会性别平等是人类可持续发展的必然选择

20 世纪 80 年代以来，可持续发展观逐渐为国际社会普遍接受，它强调了这样两个观念：一是发展是为了满足人的需要，是以提高人的生活质量为目标；二是必须关注所有影响发展的因素，包括环境的可持续、经济的可持续和社会的可持续。20 世纪 90 年代以来，国际社会已经不再单纯地把妇女的平等权利看成一种需要加以保护的人权，而是进一步把实现妇女的平等权利作为增进人类共同福祉、促进可持续发展的有效手段。这是因为妇女的生存状态和发展水平不仅影响当代社会能否均衡协调地发展，而且关系后代人在怎样的基础上，以怎样的形式可持续发展，所以妇女的发展当然地构成了可持续发展战略目标之一。

（四）实现社会性别平等是国际社会的现实需要

国际社会促进男女性别平等取得很大进步，但事实上仍然存在大量不平等的问题。从社会性别视角来看，目前存在以下问题：一是据联合国教科文组织数据研究院发布的最新"教育领域性别不平等电子图册"显示，全球从未上过学的女童数比男童多一倍。二是许多国家的妇女，特别是新进入劳动力市场的妇女，仍旧属于最先失去工作，最后被重新雇用的人。三是进入决策职位的妇女与其总人口不成比例，而且，从 20 世纪 70 年代起，这种状况在大多数地区均未取得显著进步。截至 2011 年 1 月 31

日，世界各地区妇女在议会所占比例的平均值为 19.2%，亚洲、太平洋及阿拉伯国家均低于世界平均值。四是妇女占到劳动力总数的近半，但即使在具有同等教育水平和工作年限的情况下，就业妇女平均工资仍低于男性 20%~30%。五是全世界妇女非货币的、看不见的贡献（包括家务劳动和家庭经济等）每年达 11 万亿美元，但这些贡献未得到社会的充分认识和承认。

为了改变性别不平等的现状，建设一个尊重和保护人权的社会，实现人类的可持续发展，需要全球付出共同的努力。

二、贯彻男女平等基本国策的路径

男女平等基本国策作为法律政策行动的指南，重在落实和成效。如何贯彻男女平等基本国策，党的十八大以来，以习近平同志为核心的党中央对贯彻男女平等基本国策的路径、方法给予了深刻阐释。党中央明确要求，在立法决策中充分体现性别意识，在改善民生中高度关注妇女需求，在社会管理中积极回应妇女关切，使男女平等真正体现到经济社会发展各领域、社会生活各方面。这些重大战略思想，为贯彻落实男女平等基本国策、促进男女平等和妇女全面发展提供了重要遵循和行动指南。

具体来说，贯彻男女平等基本国策的路径主要包括如下内容：

一是提高宣传教育的覆盖面和传播力、影响力，凝聚全社会对男女平等基本国策的思想认同、价值认同、情感认同，纳入决策主流，进入国民教育，变成社会共识；

二是将保障妇女儿童权益上升为国家意志，以更刚性的政策工具消除针对妇女的偏见、歧视、暴力，以更有获得感的政策推动，将男女平等和儿童优先作为包容、可持续发展的重要标尺；

三是从全人类共同价值的角度，讲好中国妇女儿童事业发展和人权保障的故事，为构建人类命运共同体贡献独特智慧和力量。

三、工会推进社会性别平等的意义和必要性

由于工会的性质及其在保护劳动者权益方面的特殊地位，工会必将成为与性别歧视做斗争和推进社会性别平等主流化的倡导者和实践者，工会工作与性别平等工作有着密切的联系。

（一）推进社会性别平等更能体现工会以维护女职工的权益为己任

工会作为职工群众自己的组织，在市场经济中作为三方机制中工人利益的代表，在劳动关系的协调和稳定中具有其他组织不可替代的代表和维护劳动者利益的作用。推进社会性别平等，有效维护女职工的合法权益和特殊利益，更能体现工会作为职工利益代表者和维护者的作用。

在市场经济不断发展的条件下，劳动者队伍中妇女数量不断增加，劳动领域中的性别平等问题是性别平等主流化中的核心和重点问题。工会应通过影响政府在男女平等问题上的政策来维护女职工利益，通过集体谈判等手段使涉及性别平等和女职工所关注的一些问题得到充分的重视和解决，通过把女职工组织到工会中来，形成利益群体，使她们的利益得到代表和维护。国际工会组织和各国的工会组织都在以各自的方式推进社会性别平等的实现。

（二）有利于增强工会自身的凝聚力

随着女性劳动者的增加，女职工对各方面的需求也在逐渐增长。面对这个庞大的群体，积极推进社会性别主流化，履行工会维护女职工合法权益和特殊利益、竭诚为女职工服务的基本职责，可以吸引更多的劳动妇女加入工会，增强工会的吸引力和凝聚力，进一步壮大工会力量。同时在工会内加强女职工组织建设，进行性别平等意识的全面教育，可以使女职工群体和女职工问题不再被边缘化，工会通过为女职工提供教育和培训，提高其素质，可以提高女职工可持续发展的能力，从而有利于工会完成团结动员广大职工为全面建设社会主义现代化国家做出巨大贡献的历史使命。

第三节　工会进一步贯彻男女平等基本国策的工作

推进男女平等，将男女平等意识纳入各级工会组织的决策之中，维护男女职工平等享有各项权利，是我国工会近年来积极开展的一项重点工作。

一、工会进一步贯彻男女平等基本国策的工作状况

各级工会积极参与涉及女职工权益的《劳动法》《妇女权益保障法》《女职工劳动保护特别规定》等法律法规的立法和社会监督工作，并将社会性别平等写进工会维权蓝皮书，为加强和推进社会性别平等提供了法律武器和政策保证；围绕落实《中国妇女发展纲要（2001—2010）》《中国妇女发展纲要（2011—2020）》，开展了大量调查研究和实务经验的探索、总结、推广工作。近年来，中国工会在贯彻男女平等基本国策方面取得了重大的进展，发挥了积极作用。

（一）努力夯实工会中的性别组织——工会女职工委员会

根据形势发展需要，最大限度地把包括女农民工和女劳务派遣工在内的广大女职工吸引到工会组织中来，是工会组织建设的一项重要任务。近年来，各级工会按照《工会法》《中国工会章程》关于"各级工会建立女职工委员会"的规定，坚持"哪里有工会、哪里有女职工，哪里就要建立女职工组织"的原则，大力推进工会女职工组织建设。健全的女职工组织网络体系，为进一步贯彻男女平等基本国策奠定了坚实基础。

（二）旗帜鲜明地维护女职工合法权益和特殊利益

新时代，女职工在劳动就业、收入分配、劳动保护、社会保障和特殊利益保护等方面出现一些新情况和新问题，有些问题直接导致社会性别不

平等。工会女职工组织旗帜鲜明地致力于依法维护女职工合法权益和特殊利益。

1. 积极参与涉及女职工权益保护法律法规的制定与完善

近年来，从全国总工会到各级地方工会及产业工会先后参与了《妇女权益保障法》《劳动法》《劳动合同法》《就业促进法》《社会保险法》《女职工劳动保护特别规定》等国家和地方法律法规的制定和修订，从源头上维护了女职工在平等发展、劳动就业、社会保障、健康保障以及参与民主决策、民主管理和民主监督等方面的合法权益，确保男女平等权的实现。

2. 大力推进签订女职工权益保护专项集体合同工作

推进签订女职工权益保护专项集体合同，是近几年工会女职工组织在实践中探索创新的重要机制和手段，对于推动国家保护女职工权益各项法律法规的贯彻落实、建立社会性别平等具有重要意义。企事业签订女职工权益保护专项集体合同已被纳入《劳动合同法》和一些地方制定的妇女权益保障法实施办法。推行女职工权益保护专项集体合同工作开展以来，女职工维权工作取得了很大成效，促进了国家保护女职工权益法律法规在企事业的贯彻落实，女职工在享受"四期"保护等劳动保护待遇方面的特殊利益得到有效保护，女职工工作环境进一步改善，涉及女职工切身利益的一些热点、难点问题逐步得到解决，女职工的法律意识和自我保护能力不断增强。

3. 有效推动女职工权益保护法律法规贯彻落实

各级工会女职工组织积极配合并参与各级人大、政府有关部门组织开展的《劳动法》《妇女权益保障法》《女职工劳动保护特别规定》等执法检查与宣传活动。参加打击非法用工、落实女职工劳动安全卫生条款等执法检查活动。在广大女职工中开展普法宣传教育，为女职工提供法律援助，加大执法监督力度，推动了女职工权益保护法律法规落到实处。

（三）积极组织广大女职工提升素质为经济社会发展做贡献

提升女性劳动者素质是推进社会性别平等的关键。各级工会女职工组织始终将提升女职工整体素质作为重要工作内容。通过创新载体、建立激励机制等，组织开展提升素质建功立业活动，激发女职工成长、成才和建功立业的热情。

二、工会进一步贯彻男女平等基本国策工作的思考

（一）工会组织自身

1. 通过工会的组织制度建设和提高各级工会领导干部及工会会员的社会性别平等意识，推动工会性别平等主流化。将推进社会性别平等意识纳入全会工作，加强工会中的性别平等机制和制度建设，确保其同工会工作的结合。一方面，使工会机关各部门的工作具有社会性别视角，体现社会性别平等；另一方面，对性别平等的问题在工会机关的职能部门之间进行协调和落实，以避免性别平等问题的边缘化。

2. 提高各级工会领导干部的社会性别平等意识。性别平等主流化理念能否融入工会的各项工作中，关键在工会领导层。只有提高工会领导层社会性别平等意识，才能使性别平等更好地进入工会的各项工作之中。

3. 建立健全工会系统性别分类的统计数据库，在工会统计年鉴中设立性别分类统计指标。过去，在工会统计年鉴中性别分类统计指标缺失，难以对男女职工的基础数据和各项指标进行系统分类分析。对此，应就增设完善性别统计分类指标开展调研和论证，确立科学的工会性别统计分类指标，以便对性别平等的相关数据项目做出评估，为工会系统建立科学的分性别统计指标体系打下良好的基础。

4. 开发在工会中推进社会性别平等的分析方法和工具。社会性别平等主流化是一个具体实施的过程，而不是一个空泛的概念和一两句响亮的口号。在工会组织中实现社会性别平等要求开发出适用工会具体工作及项目评估的方法和工具，并用这些方法和工具进行监测和指导社会性别平等纳入各机构和各项具体工作的过程，使社会性别平等的原则体现在工会的各项政策、规划、项目之中。

5. 将社会性别平等纳入工会各业务部门工作之中。在工会内部实现社会性别平等主流化需要通过各个业务部门的具体工作，这就需要在一般性地提高认识的基础上，工会的各个职能部门结合具体业务有针对性地分析研究制定其实现社会性别平等的计划、措施和策略。

6. 对工会会员提供培训和开展宣传教育。宣传先进的性别文化，引导男女两性共同承担社会和家庭责任，在平等、合作地参与社会和家庭生活的过程中和谐发展，在未来社会中实现双赢。

（二）对工会组织外部

工会通过影响政府机构、企事业单位、社会组织、新闻媒体、其他群众团体和社会公众，创造实现社会性别平等的条件，营造社会性别主流化的氛围。

1. 对各级党委和政府及人大、政协、司法机构，工会要参与立法，从社会性别平等的视角去分析国家现有的与职工相关的法律法规、政策、规划等，对存在性别歧视和性别盲视的问题向党委、政府及有关部门提出修改的意见和建议；对现有的法律法规执行中缺乏社会性别平等视角，或有法不依、执法不严、违法不究的问题进行监督。对法律、法规、政策、规划不完善的问题进行调查研究，积极促进完善社会性别平等的法律体系。

2. 对企事业等用人单位，工会要代表职工同企事业单位领导者就性别平等问题进行协商，监督并纠正企事业单位在性别平等方面的错误行为，维护男女职工的合法权利。督促、协助企事业单位加大资金和技术投入，改善劳动安全卫生条件，对男女职工实行积极的劳动保护。

3. 对新闻媒体，工会要利用自办媒体和社会新闻媒体宣传社会性别平等观念，同时监督媒体对女性的宣传报道，反对强化女性的传统角色和性别歧视的舆论宣传；利用各种形式和途径宣传男女平等，使决策者和执行者及社会公众加深对社会性别平等主流化的认识，使社会性别平等观念进入我国的主流文化，营造两性和谐和可持续发展的良好的社会环境。

4. 对社会伙伴，工会要加强同妇女组织、各相关部门和团体等社会伙伴的合作，就有关社会性别平等的问题听取各方的意见并沟通相关信息，整合社会资源，通力合作，携手解决我国社会发展中遇到的性别问题。

三、工会进一步贯彻男女平等基本国策的重点工作

（一）加强以"劳动领域为重点"的权益保障工作

现实的劳动力市场上和企事业内部存在的一些侵害女职工的劳动权益、阻碍就业与职业发展的性别不平等现象，对女职工群体和整个社会产生不利影响。因此，在我国推进社会性别平等，应以劳动领域为重点，加强对女职工的维权服务工作。

（二）加强"女代表和女领导比例为突破口"的女职工社会参与平台和机制建设

目前，党政及工会机关中女性领导数量和层次普遍偏低，企事业中职工代表大会中女代表、职工董事和职工监事中女性比例也不理想。各级工会，特别是基层工会，要以提升"女代表和女领导比例为突破口"，加强女职工社会参与平台和机制建设。

（三）加强社会性别平等培训

工会干部和工会会员缺乏社会性别平等意识，对存在的社会性别不平等问题缺乏敏感性等，特别是工会领导和决策层存在缺乏社会性别平等意识而导致决策和具体工作中对社会性别平等重视不够的问题。例如：工会还没有建立系统的分性别信息统计数据；工会领导层、工会各级代表大会和委员会、职工代表大会、集体合同协商代表中女性比例偏低，忽视女性权益和忽略女性需求的问题仍大量存在。对此，需要工会自身加大从普通会员到领导干部各个层次的培训，提升社会性别平等意识，形成全会提升社会性别平等的合理性和自觉性。

（四）营造平等氛围，加强社会监督

工会要广泛利用社会资源做好维护女职工权益、竭诚服务女职工的工作。应借助有关部门和有关方面的力量加强女职工维权服务工作，通过建立健全社会化的维权服务机制，充分发掘和利用社会资源，借助社会舆论

和行政执法部门的监督力量，发动全社会关心和关注女职工的生存状况，齐心协力，共同促进男女平等基本国策的贯彻落实。

思考题

1. 如何理解男女平等基本国策的概念？

2. 简述男女平等基本国策形成的法律依据。

3. 男女平等基本国策确立的重大意义是什么？

4. 贯彻男女平等基本国策的路径是什么？

5. 工会推进社会性别平等的意义是什么？

6. 工会如何进一步贯彻男女平等基本国策？

【案例1】

我国妇女权益保障取得历史性成就

2023 年 3 月 10 日 来源：求是网

坚持以人民为中心的发展思想，是推进中国式现代化必须牢牢把握的重大原则之一。党的二十大报告指出："维护人民根本利益，增进民生福祉，不断实现发展为了人民、发展依靠人民、发展成果由人民共享，让现代化建设成果更多更公平惠及全体人民。"这一重要论述充分体现了党的理想信念、性质宗旨、初心使命，是对党的奋斗历程和实践经验的深刻总结。

习近平总书记高度重视对妇女等特定群体的权益保障，强调妇女权益是基本人权，要把保障妇女权益系统纳入法律法规，上升为国家意志，内化为社会行为规范；要坚持男女平等基本国策，在出台法律、制定政策、编制规划、部署工作时充分考虑两性的现实差异和妇女的特殊利益；要坚持在发展中保障妇女权益，靠发展改善妇女民生，实现妇女事业和经济社会同步发展；要强化社会服务，优先保障孕产妇、儿童等特殊人群，格外关心贫困妇女、老龄妇女、残疾妇女等困难群体，为她们做好事、解难事、办实事；要帮助妇女点燃梦想、追寻梦想、共筑梦想，为妇女释放创造活力、实现自我价值搭建平台，促进妇女权益更有保障、人生更加出彩、生活更加幸福。这些重要论述彰显了坚定的人民立场和深厚的为民情怀，具有鲜明的思想性、系统性和实践性。

在习近平总书记重要论述指引下，新时代妇女权益保障的法治体系更加完善，先后制定反家庭暴力法、修订妇女权益保障法，建立起包括100多部法律法规在内的全面保障妇女权益的法律体系，国家和省级层面普遍建立法规政策性别平等评估机制，制定实施了4个周期的中国妇女发展纲要，严厉打击侵害妇女权益的违法犯罪行为等，切实从源头上提供强有力保障。

广大妇女平等依法行使民主权利、平等参与经济社会发展、平等享有改革发展成果达到历史新高度：平均预期寿命突破80岁，比世界女性平均水平高4岁；孕产妇死亡率持续下降至16.1/10万，居全球中高收入国家前列；义务教育阶段性别差距基本消除，高等教育中女生占比均超过50%；在9899万农村脱贫人口中，妇女约占一半；在各类社会保险中平等参保、平等享受待遇，美好生活更有保障；等等。我国妇女权益保障取得的历史性成就，充分彰显了中国特色社会主义制度的优越性，书写了中国妇女人权保障的光辉篇章，为广大妇女敢于追梦、拼搏奋斗奠定了坚实基础。

保障妇女平等享有现代化建设成果，是检验中国式现代化成效的一个重要维度。

新征程上，要坚持以人民为中心的发展思想，始终把联系和服务妇女作为妇联工作生命线，强化源头维权，扎实推动新修订的妇女权益保障法全面有效实施，推动出台配套法规政策和司法解释，进一步完善妇女权益保障法律体系；

履行各级妇女儿童工作委员会办公室职责，加强组织协调指导督促，推动《中国妇女发展纲要（2021—2030年）》《中国儿童发展纲要（2021—2030年）》实施，促进妇女儿童发展和家庭建设目标任务更好落实；

发挥党政主导下的维权服务机制作用，加强与有关部门协作联动，畅通妇女诉求反映渠道，联合开展面向困难妇女儿童的公益诉讼、司法救助和法律援助，推动重难点问题解决；

加大基层维权服务力度，常态化开展对生活困难、留守、流动、残疾妇女儿童及单亲、失亲、矛盾多家庭的摸排走访，发现问题及时主动报告，力所能及提供关爱服务，把维权工作做在平常、抓在经常、落到基层；

推动解决急难愁盼问题，大力实施"健康中国　母亲行动"，加大宫颈癌、乳腺癌"两癌"检查救助和健康宣教力度，持续开展寒暑假期儿童关爱服务活动，做好事实无人抚养儿童关爱服务，实施"春蕾计划——梦想未来"行动、"母亲健康快车"等公益项目，把党的关怀和温暖送到妇女儿童身边；

发扬斗争精神，增强斗争本领，提高监测预警、应急处突、舆情引导等能力，健全防范化解风险隐患长效机制，增强妇女儿童和家庭的获得感幸福感安全感。

一个不断走向现代化的中国，必将为妇女施展才华提供更加广阔的舞台，为男女平等和谐发展创造更加优良的社会环境。广大妇女要更加紧密团结在以习近平同志为核心的党中央周围，坚定志不改、道不变的决心，沿着中国式现代化道路阔步向前，为全面建设社会主义现代化国家、全面推进中华民族伟大复兴贡献巾帼力量。

（是说新语）

【案例2】

山西省吕梁市总工会用提示函促进女性平等就业

2021 年 3 月 4 日　来源：中工网

山西省吕梁市总工会联合市人社局和市妇联出招，在全省率先发出促进女性平等就业提示函，提醒全市用人单位不得以性别为由拒绝录用妇女或者提高对妇女的录用标准，促进女性平等就业。这是该市女职工在"三八"妇女节即将来临之际收到的最好礼物。

3月是"集体协商月"和"女职工维权月"。吕梁市总发出提示函，提醒用人单位遵守相关劳动法律法规，保障女职工的合法权益和特殊权益，是推动落实《山西省女职工劳动保护条例》的具体行动。

为进一步推动男女平等基本国策的贯彻落实，消除就业性别歧视、身份歧视问题，实现女性依法平等参与经济社会发展，吕梁市人社局、市总工会、市妇联共同就"消除性别歧视、实现公平就业"向全市各用人单位发出提示函。该提示函提醒用人单位"四不得"：在拟订招聘计划、发布招聘信息、招用人员过程中，除国家规定的女职工禁忌劳动范围等情况外，不得以性别为由拒绝录用妇女或者提高对妇女的录用标准、不得将限制生育作为录用条件、不得询问妇女婚育情况、不得将妊娠测试作为入职体检项目；在录用女职工时，用人单位应当依法与其签订劳动（聘用）合同或者服务协议，劳动（聘用）合同或者服务协议中不得规定限制女职工结婚、生育的内容，不得因结婚、怀孕、产假、哺乳等情形，降低女职工的工资，辞退女职工，单方解除劳动（聘用）合同或者服务协议。

一旦发现用人单位违反以上提示内容，求职女职工和所有求职人员可拨打全国人力资源社会保障服务热线进行反映。

（据《山西工人报》报道　山西工人报首席记者陈秋莲）

附　录

1. 工会女职工委员会工作条例

（2019 年 2 月 27 日　中华全国总工会第七届女职工委员会第一次会议通过）

第一章　总　则

第一条　为加强工会女职工委员会组织建设和工会女职工工作，根据《中华人民共和国工会法》和《中国工会章程》的有关规定，制定本条例。

第二条　工会女职工委员会是在同级工会委员会领导下和上一级工会女职工委员会指导下的女职工组织，根据女职工的特点和意愿开展工作。

第三条　工会女职工委员会以马克思列宁主义、毛泽东思想、邓小平理论、"三个代表"重要思想、科学发展观、习近平新时代中国特色社会主义思想为指导，坚持自觉接受党的领导，保持和增强政治性、先进性、群众性，坚定不移走中国特色社会主义工会发展道路，推动男女平等基本国策的贯彻落实，依法表达和维护女职工的合法权益和特殊利益、竭诚服务女职工。

第二章　基本任务

第四条　加强思想政治引领，组织女职工认真学习习近平新时代中国特色社会主义思想，开展理想信念教育，承担团结引导女职工听党话、跟党走的政治责任。教育女职工践行社会主义核心价值观，树立自尊、自信、自立、自强精神，不断提高思想道德素质、科学文化素质、技术技能素质和身心健康素质，建设有理想、有道德、有文化、有纪律的女职工队伍。

第五条　按照"五位一体"总体布局和"四个全面"战略布局要求，践行新发展理念，把握为实现中华民族伟大复兴的中国梦而奋斗的工人运动时代主题，弘扬劳模精神、劳动精神、工匠精神，动员和组织广大女职工在改革发展稳定第一线建功立业。

第六条　依法维护女职工在政治、经济、文化、社会和家庭等方面的合法权益和特殊利益，同一切歧视、虐待、摧残、迫害女职工的行为作斗争。

第七条　参与有关保护女职工权益的法律、法规、规章、政策的制定和完善，监督、协助有关部门贯彻实施。代表和组织女职工依法依规参加本单位的民主管理和民主监督。参与平等协商、签订集体合同和女职工权益保护等专项集体合同工作，并参与监督执行。指导和帮助女职工与用人单位签订并履行劳动合同。参与涉及女职工特殊利益的劳动关系协调和劳动争议调解，及时反映侵害女职工权益问题，督促和参与侵权案件的调查处理。做好对女职工的关爱服务，加强对困难女职工的帮扶救助。

第八条　开展家庭文明建设工作，围绕尊老爱幼、男女平等、夫妻和睦、勤俭持家、邻里团结等内容，充分发挥女职工在弘扬中华民族家庭美德、树立良好家风方面的独特作用。

第九条　推动营造有利于女职工全面发展的社会环境，发现、培养、宣传和推荐优秀女性人才，组织开展五一巾帼奖等评选表彰。

第十条　会同工会有关部门和社会有关方面共同做好女职工工作。在有关方面研究决定涉及女职工利益问题时，积极提出意见建议。

第十一条　与国际组织开展交流活动，为促进妇女事业发展作出贡献。

第三章　组织制度

第十二条　各级工会建立女职工委员会。女职工委员会与工会委员会同时建立。企业、事业单位、机关和其他社会组织等工会基层委员会有女会员十人以上的建立女职工委员会，不足十人的设女职工委员。基层工会女职工委员会主任、副主任与工会委员会同时报上级工会审批。

　　第十三条　省、自治区、直辖市、地（市、州）总工会女职工委员会，实行垂直领导的产业工会女职工委员会，大型企业、事业单位、机关和其他社会组织等工会女职工委员会应设立办公室（女职工部），负责女职工委员会的日常工作；县级、乡镇（街道）、村（社区）工会和中、小企事业单位、机关等工会女职工委员会根据工作需要设专职或兼职工作人员，也可以设立办公室（女职工部）。

　　第十四条　女职工委员会委员由同级工会委员会提名，在充分协商的基础上产生，也可召开女职工大会或女职工代表大会选举产生。注重提高女劳动模范、一线女职工和基层工会女职工工作者在工会女职工委员会委员中的比例。县以上工会女职工委员会根据工作需要可聘请顾问若干人。

　　第十五条　县以上工会女职工委员会常务委员会由主任一人、副主任若干人、常委若干人组成。

　　第十六条　在工会代表大会、职工代表大会、教职工代表大会中，女职工代表的比例应与女职工占职工总数的比例相适应。

　　第十七条　工会女职工委员会是县以上妇联的团体会员，通过县以上地方工会接受妇联的业务指导。

第四章　干　部

　　第十八条　女职工委员会主任由同级工会女主席或女副主席担任，也可经民主协商，按照相应条件配备，享受同级工会副主席待遇。女职工委员会主任应提名为同级工会委员会或常务委员会委员候选人。

　　第十九条　女职工 200 人以上的企业、事业单位工会女职工委员会，应配备专职女职工工作干部。

　　第二十条　女职工委员会委员任期与同级工会委员会委员任期相同。在任期内，由于委员的工作变动等原因需要调整时，由工会女职工委员会提出相应的替补、增补人选，经同级工会委员会审议通过予以替补、增补，并报上级工会女职工委员会备案。

第二十一条　各级工会女职工委员会要按照革命化、年轻化、知识化、专业化的要求和德才兼备、以德为先、任人唯贤的原则，努力建设一支政治坚定、业务扎实、作风过硬、廉洁自律、热爱女职工工作，深受女职工信赖的干部队伍。

第二十二条　各级工会女职工委员会要加强对女干部的培养，重视培训工作，提高女干部队伍的整体素质。

第五章　工作制度

第二十三条　女职工委员会实行民主集中制。凡属重大问题，要广泛听取女职工意见，由委员会或常务委员会进行充分的民主讨论后作出决定。

第二十四条　女职工委员会根据工作需要制定有关制度。每年召开一至二次常务委员会和委员会会议，也可临时召开会议。

第二十五条　工会女职工委员会要定期向同级工会委员会和上级工会女职工委员会报告工作。

第二十六条　县以上各级工会女职工委员会要把工作重心放在基层，增强基层女职工组织的活力，为广大女职工服务。

第六章　经　费

第二十七条　各级工会要为工会女职工委员会开展工作与活动提供必要的经费，所需经费应列入同级工会的经费预算。

第七章　附　则

第二十八条　各地方工会女职工委员会可根据本条例制定实施细则。

第二十九条　本条例由中华全国总工会女职工委员会负责解释。

2. 女职工劳动保护特别规定

（中华人民共和国国务院令第 619 号　2012 年 4 月 28 日）

第一条　为了减少和解决女职工在劳动中因生理特点造成的特殊困难，保护女职工健康，制定本规定。

第二条　中华人民共和国境内的国家机关、企业、事业单位、社会团体、个体经济组织以及其他社会组织等用人单位及其女职工，适用本规定。

第三条　用人单位应当加强女职工劳动保护，采取措施改善女职工劳动安全卫生条件，对女职工进行劳动安全卫生知识培训。

第四条　用人单位应当遵守女职工禁忌从事的劳动范围的规定。用人单位应当将本单位属于女职工禁忌从事的劳动范围的岗位书面告知女职工。

女职工禁忌从事的劳动范围由本规定附录列示。国务院安全生产监督管理部门会同国务院人力资源社会保障行政部门、国务院卫生行政部门根据经济社会发展情况，对女职工禁忌从事的劳动范围进行调整。

第五条　用人单位不得因女职工怀孕、生育、哺乳降低其工资、予以辞退、与其解除劳动或者聘用合同。

第六条　女职工在孕期不能适应原劳动的，用人单位应当根据医疗机构的证明，予以减轻劳动量或者安排其他能够适应的劳动。

对怀孕 7 个月以上的女职工，用人单位不得延长劳动时间或者安排夜班劳动，并应当在劳动时间内安排一定的休息时间。

怀孕女职工在劳动时间内进行产前检查，所需时间计入劳动时间。

第七条　女职工生育享受 98 天产假，其中产前可以休假 15 天；难产的，增加产假 15 天；生育多胞胎的，每多生育 1 个婴儿，增加产假 15 天。

女职工怀孕未满 4 个月流产的，享受 15 天产假；怀孕满 4 个月流产的，享受 42 天产假。

第八条 女职工产假期间的生育津贴，对已经参加生育保险的，按照用人单位上年度职工月平均工资的标准由生育保险基金支付；对未参加生育保险的，按照女职工产假前工资的标准由用人单位支付。

女职工生育或者流产的医疗费用，按照生育保险规定的项目和标准，对已经参加生育保险的，由生育保险基金支付；对未参加生育保险的，由用人单位支付。

第九条 对哺乳未满 1 周岁婴儿的女职工，用人单位不得延长劳动时间或者安排夜班劳动。

用人单位应当在每天的劳动时间内为哺乳期女职工安排 1 小时哺乳时间；女职工生育多胞胎的，每多哺乳 1 个婴儿每天增加 1 小时哺乳时间。

第十条 女职工比较多的用人单位应当根据女职工的需要，建立女职工卫生室、孕妇休息室、哺乳室等设施，妥善解决女职工在生理卫生、哺乳方面的困难。

第十一条 在劳动场所，用人单位应当预防和制止对女职工的性骚扰。

第十二条 县级以上人民政府人力资源社会保障行政部门、安全生产监督管理部门按照各自职责负责对用人单位遵守本规定的情况进行监督检查。

工会、妇女组织依法对用人单位遵守本规定的情况进行监督。

第十三条 用人单位违反本规定第六条第二款、第七条、第九条第一款规定的，由县级以上人民政府人力资源社会保障行政部门责令限期改正，按照受侵害女职工每人 1000 元以上 5000 元以下的标准计算，处以罚款。

用人单位违反本规定附录第一条、第二条规定的，由县级以上人民政府安全生产监督管理部门责令限期改正，按照受侵害女职工每人 1000 元以上 5000 元以下的标准计算，处以罚款。用人单位违反本规定附录第三条、

第四条规定的，由县级以上人民政府安全生产监督管理部门责令限期治理，处 5 万元以上 30 万元以下的罚款；情节严重的，责令停止有关作业，或者提请有关人民政府按照国务院规定的权限责令关闭。

第十四条　用人单位违反本规定，侵害女职工合法权益的，女职工可以依法投诉、举报、申诉，依法向劳动人事争议调解仲裁机构申请调解仲裁，对仲裁裁决不服的，依法向人民法院提起诉讼。

第十五条　用人单位违反本规定，侵害女职工合法权益，造成女职工损害的，依法给予赔偿；用人单位及其直接负责的主管人员和其他直接责任人员构成犯罪的，依法追究刑事责任。

第十六条　本规定自公布之日起施行。1988 年 7 月 21 日国务院发布的《女职工劳动保护规定》同时废止。

附录：女职工禁忌从事的劳动范围

一、女职工禁忌从事的劳动范围：

（一）矿山井下作业；

（二）体力劳动强度分级标准中规定的第四级体力劳动强度的作业；

（三）每小时负重 6 次以上、每次负重超过 20 公斤的作业，或者间断负重、每次负重超过 25 公斤的作业。

二、女职工在经期禁忌从事的劳动范围：

（一）冷水作业分级标准中规定的第二级、第三级、第四级冷水作业；

（二）低温作业分级标准中规定的第二级、第三级、第四级低温作业；

（三）体力劳动强度分级标准中规定的第三级、第四级体力劳动强度的作业；

（四）高处作业分级标准中规定的第三级、第四级高处作业。

三、女职工在孕期禁忌从事的劳动范围：

（一）作业场所空气中铅及其化合物、汞及其化合物、苯、镉、铍、砷、氰化物、氮氧化物、一氧化碳、二硫化碳、氯、己内酰胺、氯丁二烯、氯乙烯、环氧乙烷、苯胺、甲醛等有毒物质浓度超过国家职业卫生标准的作业；

（二）从事抗癌药物、己烯雌酚生产，接触麻醉剂气体等的作业；

（三）非密封源放射性物质的操作，核事故与放射事故的应急处置；

（四）高处作业分级标准中规定的高处作业；

（五）冷水作业分级标准中规定的冷水作业；

（六）低温作业分级标准中规定的低温作业；

（七）高温作业分级标准中规定的第三级、第四级的作业；

（八）噪声作业分级标准中规定的第三级、第四级的作业；

（九）体力劳动强度分级标准中规定的第三级、第四级体力劳动强度的作业；

（十）在密闭空间、高压室作业或者潜水作业，伴有强烈振动的作业，或者需要频繁弯腰、攀高、下蹲的作业。

四、女职工在哺乳期禁忌从事的劳动范围：

（一）孕期禁忌从事的劳动范围的第一项、第三项、第九项；

（二）作业场所空气中锰、氟、溴、甲醇、有机磷化合物、有机氯化合物等有毒物质浓度超过国家职业卫生标准的作业。

3. 工作场所女职工特殊劳动保护制度（参考文本）

人力资源社会保障部办公厅等六部门印发

目　录

第一章　总　则

第一条　为加强女职工工作场所特殊劳动保护，维护女职工合法权益，保障女职工身心健康，构建和谐稳定的劳动关系，根据《中华人民共和国劳动法》《中华人民共和国劳动合同法》《中华人民共和国妇女权益保障法》《女职工劳动保护特别规定》《女职工保健工作规定》等法律法规规定，结合本单位实际情况，制定本制度。

第二条　本制度经第＿＿届职工代表大会第＿＿次会议审议通过。

第三条　本制度适用于本单位全体女职工，并向本单位全体职工公示告知。

第二章　劳动就业保护

第四条　本单位在录（聘）用女职工时，依法与女职工签订劳动（聘用）合同，劳动（聘用）合同中应具备女职工特殊保护条款，明确不得限制女职工结婚、生育等内容。

第五条　本单位遵守女职工禁忌从事的劳动范围的规定，并将本单位属于女职工禁忌从事的劳动范围的岗位书面告知女职工。

第六条　女职工在孕期、产期、哺乳期（指自婴儿出生之日起至满一周岁止）内，除有法律、法规规定的情形外，用人单位不得解除劳动（聘用）合同。劳动（聘用）合同期满而孕期、产期、哺乳期未满的，除女职工本人提出解除、终止劳动（聘用）合同外，劳动（聘用）合同的期限自动延续至孕期、产假、哺乳期期满。

第三章　工资福利保护

第七条　本单位工资分配遵循按劳分配原则，实行男女同工同酬。女职工在享受福利待遇方面享有与男职工平等的权利。

第八条 本单位不因女职工结婚、怀孕、生育、哺乳，降低其工资和福利待遇。

第九条 在晋职、晋级、评定专业技术职称和职务、培训等方面，坚持男女平等的原则，不歧视女职工。不因女职工怀孕、生育、哺乳等原因限制女职工参与上述活动。

第十条 妇女节（3月8日），女职工放假半天。

第十一条 本单位在发展的同时，采取积极有效措施，持续改善女职工工资福利待遇，不断提高女职工权益保障水平，促进女职工共享发展成果。

第四章　生育保护

第十二条 本单位严格执行国家有关女职工特殊劳动保护的法律法规，对在经期、孕期、产期、哺乳期的女职工给予特殊保护。

第十三条 女职工月经期保护

（一）女职工在月经期间，不安排其从事国家规定禁忌从事的劳动。

（二）患重度痛经及月经过多的女职工，经医疗机构确诊后，月经期间适当给予1至2天的休假。

第十四条 女职工孕期保护

（一）女职工在怀孕期间，不安排其从事国家规定的孕期禁忌从事的劳动。

（二）对怀孕满7个月以上（含7个月）的女职工，本单位不延长劳动时间或者安排夜班劳动，并在劳动时间内安排一定的休息时间或适当减轻工作；在从事立位作业女职工的工作场所设置休息座位。

（三）女职工在孕期不能适应原劳动的，本单位根据医疗机构的证明，与职工本人协商一致，予以减轻劳动量或安排其他能够适应的劳动。

（四）怀孕女职工在劳动时间内进行产前检查，所需时间计入劳动时间，依法支付劳动报酬。

第十五条 女职工产期保护

（一）按照国家有关规定，女职工生育享受 98 天产假，其中产前可以休假 15 天；根据医疗机构证明，难产的，增加产假 15 天；生育多胞胎的，每多生育 1 个婴儿，增加产假 15 天。生育奖励假、配偶陪产假和育儿假，按照本地规定执行。

（二）根据医疗机构证明，女职工怀孕未满 4 个月流产的，享受 15 天产假；怀孕满 4 个月流产的，享受 42 天产假。

（三）女职工产假期间的生育津贴，按照本单位上年度职工月平均工资的标准由生育保险基金支付。

（四）对有过两次以上自然流产史，现又无子女的女职工，本单位根据实际情况，在其怀孕期间予以减轻工作量；经女职工申请，暂时调离有可能直接或间接导致流产的工作岗位。

（五）女职工休产假，提前填写《请假申请单》，由上级领导批准签报人力资源部门进行核对并备案。

（六）职工根据所在地规定申请休生育奖励假、配偶陪产假、育儿假等假期可参考上述流程办理。

第十六条　女职工哺乳期保护

（一）女职工在哺乳期内，不安排其从事哺乳期禁忌从事的劳动。

（二）对哺乳未满 1 周岁婴儿的女职工，不延长劳动时间或者安排夜班劳动。在每天的劳动时间内为哺乳期女职工安排 1 小时哺乳时间；女职工生育多胞胎的，每多哺乳 1 个婴儿每天增加 1 小时哺乳时间。

（三）婴儿满周岁后，经医疗机构确诊为体弱儿的，可适当延长授乳时间，但不得超过 6 个月。

第五章　职业安全健康保护

第十七条　本单位加强女职工的特殊劳动保护，对女职工进行劳动安全卫生知识培训。在生产发展的同时，投入专项资金，通过建立孕妇休息室、哺乳室等设施，改善女职工劳动安全卫生条件。

第十八条　定期组织女职工进行妇科疾病、乳腺疾病检查以及女职工特殊需要的其他健康检查。

第十九条 关爱更年期女职工，经医疗机构诊断为严重更年期综合征的，经治疗效果仍不明显，且不适应原工作的，应暂时安排适宜的工作。

第二十条 本单位公开承诺，对工作场所性骚扰行为持零容忍态度，明确禁止性骚扰的具体行为，健全预防和制止性骚扰的制度，完善必要的安全保卫措施，加强对消除性骚扰的宣传、教育和培训，通过开通热线电话、意见箱、电子邮箱等多种形式畅通投诉举报渠道，依据专门制定的消除工作场所性骚扰制度对反映问题妥善处理，并对女职工提供心理疏导和依法维权的支持，积极创建安全健康舒心的工作环境。

第六章　管理监督

第二十一条 本单位明确由_____部门负责本制度的组织实施。

第二十二条 本单位建立由工会负责人担任组长的监督检查小组，女职工在小组成员中保持一定比例。监督检查小组定期对本制度执行情况开展检查，并向全体职工公布检查结果。

第二十三条 女职工合法权益受到侵害时，可向_____部门或监督检查小组举报投诉。经调查核实后，督促相关部门整改。

受理部门：_____；投诉电话：_____；
信　　箱：_____；电子邮箱：_____。

第七章　附　则

第二十四条 本制度未尽事宜，按有关法律法规执行。法律法规未有规定的，双方协商解决。本制度生效后，在履行过程中，劳动（聘用）合同履行地的相关规定优于本制度规定的，按最优标准执行。

第二十五条 女职工特殊劳动保护的内容可以纳入集体合同、劳动安全卫生专项集体合同或女职工权益保护专项集体合同中。

第二十六条 本制度自____年____月____日生效。

4. 消除工作场所性骚扰制度（参考文本）

人力资源社会保障部办公厅等六部门印发

目　录

第一章　总　则

第一条　为消除工作场所性骚扰，依法保障女职工权益，营造安全健康舒心的工作环境，根据《中华人民共和国民法典》《中华人民共和国妇女权益保障法》《女职工劳动保护特别规定》等法律法规，制定本制度。

第二条　本制度所称的性骚扰是指，违反他人意愿，以语言、表情、动作、文字、图像、视频、语音、链接或其他任何方式使他人产生与性有关联想的不适感的行为，无论行为实施者是否具有骚扰或其他任何不当目的或意图。

第三条　本制度经第＿＿届职工代表大会第＿＿次会议审议通过。

第四条　本制度适用于本单位全体职工，并向全体职工公示告知。

第二章　公开承诺

第五条　本单位公开承诺对性骚扰行为零容忍。

第六条　本单位明确由＿＿＿＿＿＿＿部门负责本制度的组织实施，并负责受理工作场所性骚扰举报投诉事件的调查处置。各级管理层都有职责和专人负责做好预防和制止工作场所性骚扰的工作。

本单位建立由工会负责人担任组长的监督检查小组，女职工在小组成员中保持一定比例。监督检查小组定期对本制度执行情况开展检查，并向全体职工公布检查结果。

第七条　本单位工作场所内禁止包括但不限于以下行为：（1）以不受欢迎的语言挑逗、讲黄色笑话、向他人讲述个人性经历、不受欢迎的称呼等；（2）故意触摸、碰撞、亲吻他人敏感部位，不适宜地展示身体隐私部位或在他人周围对自己做涉性的接触或抚摸；（3）以信息方式给对方发送或直接展示色情、挑逗文字、图片、语音、视频等，如微信、短信、邮件等；（4）在工作场所周围布置淫秽图片、广告等，使对方感到难堪；（5）以跟踪、骚扰信息、寄送物品等方式持续对他人表达、传递含性暗示的内容；（6）其他性骚扰行为。

第三章　宣传培训

第八条　持续开展预防和制止工作场所性骚扰行为的宣传教育活动。在单位公告栏、办公室公告板等明显的地方张贴规章制度、"禁止性骚扰"标识和宣传画、举报投诉热线电话。

第九条　组织预防和制止工作场所性骚扰的专题培训，也可将专题培训纳入包括入职培训在内的各种培训之中。

第四章　职工举报投诉

第十条　职工在工作场所遇到本制度第七条规定的行为的，都应向实施者表明"你这种行为是不受欢迎的"等明确态度。

第十一条　职工在工作场所遇到本制度第七条规定的行为的，有权向其上级主管或＿＿＿＿＿部门举报投诉，其上级主管或＿＿＿＿＿部门对举报投诉事项进行受理登记，并由＿＿＿＿＿部门启动调查程序，及时向当事人提供法律援助服务。在对举报投诉者予以保密的前提下，可以适当方式予以鼓励。

受理部门：＿＿＿＿＿＿＿＿；投诉电话：＿＿＿＿＿＿＿＿；

信　　箱：＿＿＿＿＿＿＿＿；电子邮箱：＿＿＿＿＿＿＿＿。

第十二条　举报投诉者尽可能详细地记录每个细节并保全所有证据。

第五章　调查处置

第十三条　接到举报投诉后，相关部门应及时进行走访调查，收集和固定相关证据。包括但不限于：（1）受害人陈述；（2）电子证据，如微信聊天记录、电子邮件记录、短信记录、通话记录；（3）视听证据，如图片、录音、录像、监控等；（4）证人证言，及时搜集本单位相关同事的证人证言；（5）物证，及时保存涉及的相关材料；（6）第三方证据，比如报警记录、调查笔录、酒店录像等；（7）其他相关证据。

第十四条　对性骚扰实施者的处置措施包括：警告、调整工作岗位、依法解除劳动合同等。涉嫌触犯有关法律法规的，移送司法机关处理。

同时，采取措施避免对性骚扰受害者的二次伤害，可将性骚扰实施者调整至难以与受害者接触的工作岗位。

第十五条　相关部门在举报投诉与调查处置的全过程中，应注意个人隐私权的保护，做好相关材料的保密工作。有关调查处理结果应及时向举报投诉人进行反馈。

第六章　工会参与监督

第十六条　本单位工会将预防和制止工作场所性骚扰纳入集体协商议

题，提高女职工的参与度和代表性；将预防和制止性骚扰等内容纳入集体合同和女职工权益保护专项集体合同、劳动安全卫生专项集体合同的协商中，在集体合同尤其是专项集体合同中增加预防和制止性骚扰条款。

第十七条　本单位工会要广泛听取和反映职工的意见建议，为职工提供法律咨询服务，支持、协助受害者用法律手段维权，并为受害者提供专业心理疏导服务。

第十八条　本单位工会通过工会劳动法律监督提示函、工会劳动法律监督意见书等，提示相关部门建立健全预防和制止工作场所性骚扰的制度机制，完善工作场所相关措施，营造安全健康舒心的工作环境。

第七章　附　则

第十九条　本制度未尽事宜，按有关法律法规执行。

第二十条　本制度自____年____月____日生效。

参考资料及说明

[1]《中华人民共和国宪法》(2018 年修正文本) 本书中简称《宪法》

[2]《中华人民共和国民法典》(2020 年 5 月 28 日第十三届全国人民代表大会第三次会议通过) 本书中简称《民法典》

[3]《中华人民共和国专利法》(根据 2020 年 10 月 17 日第十三届全国人民代表大会常务委员会第二十二次会议《关于修改〈中华人民共和国专利法〉的决定》第四次修正) 本书中简称《专利法》

[4]《中华人民共和国职业病防治法》(根据 2018 年 12 月 29 日第十三届全国人民代表大会常务委员会第七次会议《关于修改〈中华人民共和国劳动法〉等七部法律的决定》第四次修正) 本书中简称《职业病防治法》

[5]《中华人民共和国人口与计划生育法》(根据 2021 年 8 月 20 日第十三届全国人民代表大会常务委员会第三十次会议《关于修改〈中华人民共和国人口与计划生育法〉的决定》第二次修正) 本书中简称《人口与计划生育法》

[6]《中华人民共和国安全生产法》(根据 2021 年 6 月 10 日第十三届全国人民代表大会常务委员会第二十九次会议《关于修改〈中华人民共和国安全生产法〉的决定》第三次修正) 本书中简称《安全生产法》

[7]《中华人民共和国工会法》(根据 2021 年 12 月 24 日第十三届全国人民代表大会常务委员会第三十二次会议《关于修改〈中华人民共和国工会法〉的决定》第三次修正) 本书中简称《工会法》

[8]《中华人民共和国劳动法》(根据 2018 年 12 月 29 日第十三届全国人民代表大会常务委员会第七次会议《关于修改〈中华人民共和国劳动

法〉等七部法律的决定》第二次修正）本书中简称《劳动法》

[9]《中华人民共和国劳动合同法》（根据 2012 年 12 月 28 日第十一届全国人民代表大会常务委员会第三十次会议《关于修改〈中华人民共和国劳动合同法〉的决定》修正）本书中简称《劳动合同法》

[10]《中华人民共和国就业促进法》（根据 2015 年 4 月 24 日第十二届全国人民代表大会常务委员会第十四次会议《关于修改〈中华人民共和国电力法〉等六部法律的决定》修正）本书中简称《就业促进法》

[11]《中华人民共和国社会保险法》（根据 2018 年 12 月 29 日第十三届全国人民代表大会常务委员会第七次会议《关于修改〈中华人民共和国社会保险法〉的决定》修正）本书中简称《社会保险法》

[12]《中华人民共和国婚姻法》（已废止。《民法典》施行之日起，许多民事法律同时废止，其中包括本法）本书中简称《婚姻法》